PREMIER LIVRE
DE
L'ADOLESCENCE

OU

EXERCICES DE LECTURE
ET LEÇONS DE MORALE

à l'usage des écoles primaires

PAR M. DELAPALME
Conseiller à la Cour de Cassation

OUVRAGE AUTORISÉ
PAR LE CONSEIL DE L'INSTRUCTION PUBLIQUE

Nouvelle Édition

PARIS
LIBRAIRIE DE L. HACHETTE ET Cie
RUE PIERRE-SARRAZIN, N° 14
(Quartier de l'École de médecine)

X 1864
Lot 1.

PREMIER LIVRE

DE

L'ADOLESCENCE

OU

EXERCICES DE LECTURE
ET LEÇONS DE MORALE

A l'usage des Écoles primaires

PAR M. DELAPALME
Conseiller à la Cour de Cassation

OUVRAGE AUTORISÉ
PAR LE CONSEIL DE L'INSTRUCTION PUBLIQUE

NOUVELLE ÉDITION

PARIS
LIBRAIRIE DE L. HACHETTE ET Cie
RUE PIERRE-SARRAZIN, N° 14
(Près de l'École de Médecine)

1854

Tout exemplaire non revêtu de notre griffe sera réputé contrefait.

L. Hachette et Cie

Imprimerie de Ch. Lahure (ancienne maison Crapelet)
rue de Vaugirard, 9, près de l'Odéon.

PREMIER LIVRE

DE

L'ADOLESCENCE.

I. — Dieu.

Dieu a créé le ciel et la terre et tout ce que le ciel et la terre renferment.

Il a fait tout ce que nous voyons et ce que nous ne voyons pas, les petites choses et les grandes, l'insecte sous l'herbe et le soleil au haut des cieux.

J'ai vu cet astre s'avancer brillant et majestueux, répandant des torrents de lumière.

J'ai vu dans l'obscurité des nuits le ciel semé d'étoiles aussi nombreuses que les grains de sable sur le bord de la mer.

J'ai entendu mugir les vents et gronder l'orage, et la voix du tonnerre a retenti à mon oreille.

J'ai observé la marche des saisons; j'ai vu, au printemps, la terre pousser les germes des plantes, puis les plantes grandir à la chaleur de l'été; puis le grain mûrir dans l'épi, et le fruit rougir sur l'arbre; puis, à l'automne, les fruits tomber dans la main de l'homme, et ses granges se remplir pour les longs jours de l'hiver.

Le soleil et sa lumière brillante, la nuit avec ses étoiles, la terre féconde, les épis dans les champs, les arbres avec leurs fruits, tout vient de Dieu, tout existe par Dieu.

O mon Dieu, vous êtes

grand et bon dans les œuvres de votre puissance.

« Les montagnes s'élèvent et les plaines s'abaissent dans le lieu que vous leur avez marqué; c'est vous qui faites couler les ruisseaux dans les vallées, qui faites descendre les fleuves des montagnes, qui arrosez la terre par les pluies, et qui faites tomber les gouttes de la rosée.

« C'est vous qui produisez l'herbe pour les animaux, et les plantes pour l'homme, et qui faites naître de la terre le pain qui nourrit et le vin qui désaltère. »

II. — Le Soleil.

Enfant, suis-moi; viens dans les champs et sur la montagne : enfant, lève la tête et contemple la majesté des cieux.

Le soleil a paru à l'orient : il est comme enveloppé de nuages de feu : il s'élève; il échauffe la terre et la féconde.

Le voilà parcourant son immense carrière, invariable dans sa marche, toujours constant, toujours le même, et le soir il va se cacher au couchant dans les nuages de la nuit.

Mais quand nous ne voyons pas le soleil, sa clarté n'est pas éteinte : il ne nous éclaire plus, mais il éclaire d'autres pays, d'autres nations, d'autres hommes.

Sa lumière est éternelle; elle ne s'éteint jamais.

O merveille surprenante! œuvre de la toute-puissance! sublime! incompréhensible!

Il y eut des hommes qui, voyant le soleil et sa clarté qui vivifie, et sa chaleur qui féconde, s'écrièrent dans leur ignorance : *Le soleil est Dieu!*

Et ils se prosternèrent et adorèrent le soleil comme l'auteur de toutes choses.... Mais le soleil est l'ouvrage : Dieu est l'ouvrier.

Dieu a dit : Que le soleil soit, et le soleil a été.

Dieu a marqué au soleil la place où il se lève et la place où il se couche : il a compté le temps de sa marche, il en a fixé les heures et les minutes.

Et depuis que le monde a été créé, à travers les siècles écoulés, le soleil a obéi à la loi de Dieu ; il s'est borné au temps et à l'espace, il a été exact à l'heure et à la minute.

Enfant, le soleil t'enseigne la grandeur de Dieu.

III. — Les Plantes.

Vous avez vu croître l'arbuste; vous avez vu ses rameaux et ses fleurs, et vous êtes passés sans réfléchir!

Vous avez coupé une de ses branches pour vos jeux d'enfants, vous avez cueilli une de ses fleurs pour un bouquet, et vous n'avez pas réfléchi!

Enfants, abaissez un instant vos regards, admirez la plante; c'est une merveille de la main de Dieu.

Quand les froids ont cessé et qu'un vent doux commence à souffler dans la plaine, on voit s'enfler les jeunes bourgeons qui renferment les feuilles ou qui protégent la fleur.

Ces petites feuilles naissantes sont faibles et délicates; Dieu leur donne un abri dans l'écaille qui les enveloppe.

Le bouton s'entr'ouvre, la fleur développe ses pétales colorés; mais voyez, la nature prudente a caché dans le fond de la fleur le germe d'où le fruit doit sortir.

Cette fleur qui ne semble que la parure de l'arbre, est l'abri du germe encore trop faible.

Pour le bouton de la fleur, pour le germe des fruits, Dieu ressemble à cette mère bonne et soigneuse, qui craint pour son enfant, lorsqu'il vient de naître, le froid et l'air trop vif, et qui l'enveloppe tendrement dans des langes bien chauds.

IV. — L'Oiseau.

Il y a un oiseau qui est venu construire son nid dans un buisson au bord du bois.

Petit oiseau bien faible, voltigeant de branche en branche, si petit qu'il se cache derrière une feuille.

Il a ramassé quelques brins d'herbe, un peu de laine de la

brebis et le duvet de la fleur du peuplier.

Puis il a enlacé tout cela avec un peu de mousse; il en a fait un nid qu'il a posé sur de petites branches.

Dans ce nid, la femelle a pondu quatre, cinq, six œufs, petits, plus petits que les fruits noirs de l'épine sauvage, et tachetés des couleurs du plumage du mâle.

Quelle patience dans cette pauvre mère! pendant vingt jours elle est restée attachée à ce nid, immobile, échauffant les œufs sous ses ailes; s'éloignant un instant pour manger quelque petite graine ou pour boire une goutte d'eau, puis revenant à tire-d'aile, empressée et inquiète.

Quel miracle! de petits oiseaux se forment dans l'œuf, à la chaleur de la mère; eux-mêmes, de leur bec ils brisent la coquille, et les voilà sortis de leur prison, faibles, nus, à peine couverts d'un léger duvet.

Qui donc les nourrira, si chétifs et si faibles?... Le père et la mère volent au loin dans la campagne; ils ramassent de petites graines, puis ils accourent, ils donnent la pâture aux petits qui ouvrent le bec.... Bientôt les petits grandissent, ils se couvrent de plumes, puis ils peuvent voler, ils peuvent manger tout seuls, et toute la couvée prend son vol et s'ébat dans la plaine.

Enfants, si vous voyez l'oiseau faire son nid avec la mousse des bois ou la laine de la brebis ; si vous voyez la mère échauffant ses œufs sous ses ailes ; si vous voyez le faible oiseau briser sa coquille et sortir de l'œuf ; si vous voyez le père et la mère donnant la nourriture à leurs petits, dites, dites : c'est Dieu qui a fait tout cela....

Dieu seul a pu le faire, et toute la science des hommes, toute leur habileté dont ils se vantent, toute leur force qui creuse la terre et qui entasse les pierres des édifices, n'irait pas à créer un roitelet ou un passereau.

V. — Le Monde.

Le monde est grand, immense, infini....

La maison que vous habitez, le jardin qui l'entoure, si grand qu'il soit, qu'est-ce donc?... Un petit coin de terre dans la ville ou dans le village.

Et la ville qui vous paraît immense, et le village qui vous semble si grand qu'à peine d'un bout à l'autre on entend la cloche de l'église, qu'est-ce donc? Un petit coin de terre dans le pays.

Et la France, notre grande et belle France?... Un petit coin de la terre elle-même.

Avez-vous vu l'une de ces cartes qui représentent le tableau de la terre comme un dessin représente un paysage?... Y avez-vous vu la France?...

Quelle place occupe-t-elle?... A peu près celle qu'occupe sur la peau d'une orange une des petites inégalités de sa surface.

La terre est donc bien grande!... Elle a 9000 lieues de tour.... Quel espace, quelle vaste étendue, quelles hautes montagnes, quelles mers immenses!

Eh bien, la terre elle-même n'est qu'un petit coin du monde!

Voyez le soleil : il est à 34 500 000 lieues de la terre.,.. Voyez les étoiles, elles sont cent mille fois plus loin encore.

Et par delà ces étoiles, qui sont cent mille fois plus loin que le soleil, il y a d'autres étoiles qui sont cent mille fois plus loin encore que les premières.

Le ciel immense, c'est l'espace infini, sans bornes.

Ces étoiles jetées dans le ciel, ce sont

des soleils, si loin, si loin de nous, qu'ils ne nous paraissent que comme un petit point qui brille.

Ces soleils éclairent des mondes que nous ne voyons pas, et au delà de ces mondes, il y a d'autres mondes.

Ah! l'œuvre de Dieu est grande, si grande, qu'il n'est pas donné à l'œil de l'homme d'en voir toute l'étendue, ni à son esprit de la comprendre!

VI. — Dieu voit tout.

« Tous les hommes sont en présence de Dieu; rien ne lui est caché, et partout ses regards sont sur les bons et sur les méchants.

« Il sonde les cœurs, aucune de nos pensées ne lui échappe, et il entend nos paroles.

« Ceux qui font le mal ne peuvent se dérober à lui ; il interroge les pensées du méchant, et les discours du méchant montent jusqu'à son oreille.

« Mon Dieu ! où irai-je que vous ne soyez pas ? si je m'élève dans le ciel, vous y êtes ; si je descends dans les abîmes, je vous y trouve.... Je dis : *Peut-être les ténèbres me couvriront de leur obscurité,* mais les ténèbres ne sont pas obscures pour vous : pour vous la nuit brille comme le jour.

« Il en est qui se retirent dans les profondeurs de leur âme pour se cacher à Dieu, qui accomplissent leurs œuvres dans l'ombre, et qui disent : *Qu'est-ce qui nous voit ?... Qui peut savoir ce que nous faisons ?...* Insensés ! L'argile s'élèvera-t-elle contre le potier, lui disant : *Ce n'est pas toi qui m'as faite ?...* L'œuvre dira-t-elle à l'ouvrier : *Tu ne me connais pas ?*

« Croyez-vous que celui qui a fait votre oreille pourrait ne pas vous entendre, et que celui qui vous a donné la vue pourrait ne pas vous voir ? »

~~~~~~~~~~~~~~~~~~~~~~~~~~~~~~~~~~~~

VII. — **L'Église.**

C'était un jour de fête, le matin d'un beau jour, la rosée couvrait encore la terre et brillait sur les feuilles et sur les fleurs : le jeune Charles sortit avec son père pour aller à l'église du village.

De loin on apercevait des arbres et quelques maisons, et du milieu des arbres et des maisons s'élevait vers le ciel le clocher de l'église.

On entendait le son de la cloche qui appelait à la prière, et en approchant on voyait les habitants sortir de leurs maisons, parés de leurs plus beaux habits, pour aller au pied de l'autel.

Sur la route il y avait des jeunes garçons et des jeunes filles, leur livre à la main, qui marchaient en souriant.

Il y avait des vieillards à l'air respectable, qui avaient vécu de longues années, et dont le front était ridé et les cheveux blanchis.

Il y avait des mères de famille avec leurs enfants qui couraient autour d'elles en cueillant des fleurs sur le chemin.

Charles entra dans l'église avec son père; il se faisait un grand silence; chacun restait assis dans le recueillement, et puis par intervalles on se mettait à genoux.

Il y avait des voix qui chantaient, et pendant ce temps tout le monde priait. On priait Dieu qui a fait toutes choses au monde et qui est le maître de tout.

Charles pria pour son père, pour sa mère, il lut dans le livre des prières les louanges de Dieu, puis bientôt la prière fut finie, et l'on sortit lentement.

Charles s'éloigna avec son père. Il était heureux, il admirait le ciel, les champs, les moissons; il se sentait disposé à aimer tout le monde, à faire du bien; il détestait le vice, et il trouvait qu'il y a de la joie à être bon et vertueux.

~~~~~~~~~~~~~~~~~~~~~~~~~~~~~~~~

VIII. — La Prière.

« Adressez vos prières à Dieu afin qu'il vous dirige dans la vertu.

« Dès le matin le sage élève son âme à Dieu ; il se place en sa présence et lui ouvre son cœur.

« N'est-il pas dit : Demandez et l'on vous donnera, cherchez et vous trouverez, frappez et l'on vous ouvrira ?

« La prière de l'humble monte jusqu'à Dieu.

« Quand vous priez n'ayez pas recours à une foule de paroles. Qu'est-il besoin de tant de discours ? Dieu sait ce qui vous est nécessaire avant même que vous le demandiez.... Dites seulement :

« Notre Père, qui êtes aux cieux, que votre nom soit sanctifié, que votre règne arrive, que votre volonté soit faite sur la terre comme au ciel. Donnez-nous aujourd'hui notre pain de chaque jour ; pardonnez-nous nos offenses comme nous pardonnons à ceux qui nous ont offensés ; ne nous laissez pas succomber à la tentation, mais délivrez-nous du mal.

« Prier et faire l'aumône, cela vaut mieux que les richesses.

« Car si vous avez fait le mal, en vain vous élèverez vos regards vers Dieu : il se détournera de vous.

« Effacez de votre cœur les mauvaises pensées, fuyez le vice, apprenez à faire le bien, attachez-vous à la justice, soyez le refuge des malheureux, l'appui de l'orphelin, le défenseur de la veuve ; alors venez à Dieu et vous serez pur devant lui. »

IX. — Dieu est l'appui des bons.

« Ne portons pas envie au bonheur du méchant, et ne soyons pas jaloux de ses succès.

« Car il séchera comme l'herbe des champs, et tombera comme la fleur.

« Espérons en Dieu et faisons le bien, et nous serons assez riches des biens de la terre.

« Mettons notre bonheur en Dieu ; marchons en sa présence ; il fera ce qu'il faut pour nous.

« Encore un peu, et le méchant ne sera plus, et nous chercherons la place où il était, et nous ne la trouverons pas.

« Mais les hommes au cœur pur goûteront une paix tranquille.

« Le méchant s'irritera contre eux, il tirera l'épée, il préparera ses armes. Il voudra accabler le faible et l'innocent.

« Mais son glaive sera retourné contre lui-même, et ses armes seront brisées dans ses mains.

« Peu avec de la vertu vaut mieux que toutes les richesses des méchants.

« Car Dieu repousse les méchants, mais il voit la vie des hommes justes, et il les soutient.

« J'ai vieilli, ma jeunesse est loin de moi, et je n'ai pas encore vu que l'homme de bien ait été abandonné, ni que ses enfants aient été flétris.

« J'ai vu l'impie honoré sur la terre, il s'élevait comme le cèdre des montagnes.... Je n'ai fait que passer : il n'était déjà plus ; je l'ai cherché : je n'ai plus trouvé la place où il était.

« Mais les justes auront leur salut en Dieu.

« Il les délivrera ; il sera leur appui, parce qu'ils ont espéré en lui. »

X. — La Conscience.

Il faut faire le bien, il faut fuir le mal.

Mais qu'est-ce qui est bien ? Qu'est-ce qui est mal ?

Enfants, notre juge est en nous-mêmes ;

ce juge prononce, et son arrêt se fait entendre.

Le trouble est dans le cœur de celui qui a fait le mal ; la rougeur est sur son front ; il fuit le jour et se cache plein de honte.

Car sa raison s'élève contre lui, et lui montre le mal et toute la laideur du mal.

Celui qui fait le bien a l'âme tranquille ; il ne craint pas les regards des hommes.

Car sa raison le soutient, elle l'éclaire et lui montre la bonne voie.

Il y a en nous un sentiment qui nous dit : Voilà ce qui est bien, et voilà ce qui est mal. Ce sentiment, c'est la conscience.

La conscience est la terreur des méchants, la joie des bons.

La conscience du méchant le condamne quand les hommes le louent : la conscience du bon l'absout quand les hommes le condamnent.

La conscience, c'est la voix de Dieu qui se fait entendre en nous.

XI. — Le Remords.

Ne croyez pas à la joie du méchant; quand le sourire semble sur sa bouche, il y a du poison dans son cœur.

Il y avait un misérable qui s'était enrichi par la fraude. Pensez-vous qu'il fût heureux au milieu de son opulence, de ses meubles somptueux, de ses repas splendides? Non.... Son imagination lui faisait voir sans cesse des fers, une prison; il entendait le cliquetis des clefs et le bruit des verrous. Autant aurait valu vivre au fond d'un cachot.

Un homme avait commis un crime.... un crime bien affreux.... On l'ignorait cependant. Mais lui, il croyait lire sa condamnation dans tous les regards.... Un jour on le vit qui massacrait impitoyablement de petits oiseaux encore dans leur nid....

« Que faites-vous? lui dit-on ; pourquoi cette cruauté ? — Quoi ! répondit-il, les yeux égarés, n'entendez-vous pas? ils m'accusen d'avoir tué mon père. » Le remords avait troublé sa raison ; il se trahissait par ses terreurs.

Le remords est le premier, le plus terrible châtiment du crime.... un châtiment auquel on n'échappe jamais.

Vous pouvez vous dérober aux regards des hommes, mais vous ne sauriez vous cacher à vos propres yeux.

Et le supplice qu'inflige le remords est plus terrible que tous les supplices, car les maux de l'âme sont plus douloureux que les maux du corps.

XII. — Le pauvre Louis.

Le pauvre Louis habitait dans un village une petite et simple chaumière.

Il était pauvre, bien pauvre; il vivait du travail de ses bras, labourant la terre, et il avait quatre enfants à nourrir.

Le matin, dès que le jour paraissait, il était à l'ouvrage, courbé sur sa bêche, la sueur sur le front; il ne rentrait que le soir lorsque déjà le soleil s'était caché à l'horizon.

Car c'est une grande tâche de nourrir quatre enfants, et les enfants ne songent pas toujours à tout ce qu'ils coûtent à leur père.

Cependant le pauvre Louis ne se plaignait pas; il avait le cœur content et le visage gai.

Le soir il embrassait ses enfants, et il les faisait sauter sur ses genoux en chantant.

Puis il mangeait avec eux un pain grossier, et la bonne humeur assaisonnait ce repas.

Il s'endormait tranquille, il dormait du

sommeil du juste qui repose dans les bras de Dieu.

Aux jours de fêtes il allait avec sa femme et ses enfants prier Dieu à l'église ; et de retour il s'asseyait sous un grand arbre, et regardait joyeusement ses enfants qui jouaient sur le gazon.

Ainsi s'écoulait la vie, sans agitation, sans trouble, sans souci du lendemain.

Dans ses prières, il disait : « Mon Dieu, conservez-moi la santé ; car mes bras, c'est le pain de mes enfants. » Il ne demandait à Dieu ni les richesses ni la grandeur.

Il aimait à parler de son père qui avait été un homme pauvre comme lui, un homme pauvre mais content ; et dont le corps reposait au cimetière à côté du riche dont la vie avait été agitée et tumultueuse.

Il obligeait ses voisins le plus qu'il le pouvait, non de sa bourse, le pauvre homme, car sa bourse n'était jamais pleine ; mais de ses bras, de son travail, et tout le monde l'aimait.

Et il disait qu'il aimait mieux l'amitié de ses voisins qu'une bourse remplie d'or.

Tel était le pauvre Louis; mais, si pauvre qu'il était, savez-vous qu'il n'y avait personne de plus heureux que lui dans le village ?

Il était heureux parce qu'il n'avait rien à se reprocher, parce qu'il était bon, parce qu'il était vertueux.

Il était heureux parce qu'il avait une bonne conscience.

La bonne conscience est la meilleure amie du pauvre, elle ne l'abandonne jamais.

XIII. — Le Père et la Mère.

« Honorez votre père et votre mère, afin de vivre longtemps sur la terre.

« Enfants, obéissez à vos parents dans tout ce qui est selon le Seigneur.

« Écoutez les paroles de votre père, car c'est lui qui vous a donné la vie.

« Et rappelez-vous ce que votre mère a souffert pour vous lorsqu'elle vous portait dans son sein.

« Celui qui méprise son père et sa mère n'est pas digne de voir le jour.

« Mais celui qui honore son père se réjouira un jour dans ses enfants.

« Dans vos actions, dans vos paroles, dans tout ce que vous faites, honorez votre père et votre mère, afin que leur bénédiction descende sur vous, et qu'elle repose à jamais sur votre tête.

« La bénédiction du père et de la mère affermit la maison des enfants; leur malédiction la renverse.

« Soutenez votre père et votre mère dans leur vieillesse, comme ils vous ont soutenus dans votre jeunesse.

« S'ils sont faibles ou s'ils s'égarent, supportez-les ; ne les méprisez pas, vous croyant plus sages qu'eux : car ce que vous aurez fait pour eux ne sera pas oublié ; et pour le mal que vous aurez souffert, vous recevrez le bien. »

XIV. — Le Père.

J'ai vu le père au milieu de ses enfants.

Il s'occupait de sa grande famille, il veillait sur elle et travaillait pour la soutenir.

Il disait : « Que mes enfants soient heureux, et je serai heureux. »

Il les faisait instruire pour qu'ils fussent un jour éclairés et sages.

Et il les formait à l'apprentissage d'un état, pour qu'un jour ils vécussent de leur travail et ne connussent pas le besoin.

Toutes les pensées du père sont sur ses enfants dans le présent et dans l'avenir.

Il partage tout avec eux : s'il n'a qu'un morceau de pain, il le leur donne.

Oh! j'aimerai, je respecterai mon père.

Je le respecterai tant qu'il sera jeune et fort et qu'il veillera sur moi.

Je le respecterai quand il sera vieux, que ses cheveux blanchiront, et que moi, je serai jeune et fort.

Un père et ses enfants, c'est comme l'arbre et ses rameaux.

C'est l'arbre qui donne aux rameaux la séve, la nourriture et la vie.

Celui qui frappe l'arbre fait du mal aux rameaux, et celui qui frappe les rameaux fait du mal à l'arbre.

Voulez-vous savoir ce qu'un père fait pour ses enfants?

Il y avait un malheureux; il avait quatre enfants; mais la misère avait frappé à sa porte, et il n'avait pas de pain à leur donner.

Il n'avait pas de pain à leur donner, mais il leur donna son sang.

Il apprit qu'on payait un salaire à ceux qui, dans une école voisine, allaient se faire saigner par des étudiants qui s'instruisaient dans la médecine.

Il alla, il tendit ses deux bras, et deux fois son sang coula.

Puis il porta à ses enfants le pain qu'il avait payé de son sang, et il était heureux dans sa misère, car ses enfants étaient soulagés.

Celui qui ne respecte pas son père est infâme.

Celui qui abandonne son père malheureux sera malheureux; il mourra sur le fumier et dans la honte.

XV. — La Mère.

Pendant neuf mois la mère porte son

enfant dans son sein ; pendant neuf mois elle est fatiguée et souffrante.

L'enfant vient au monde, et déjà en naissant il fait verser des larmes à sa mère.

Pauvre petit, le voici faible, nu, chétif ; il crie, il pleure ; qui prendra soin de lui ? c'est sa mère, qui le reçoit dans ses bras, qui le presse sur son sein, qui le nourrit de son lait.

S'il dort, c'est près de sa mère ; s'il est malade, c'est sa mère qui le veille.

Le cœur d'une mère est un trésor de tendresse pour ses enfants.

Enfants, n'avez-vous jamais vu la mère prolonger les veilles de la nuit, et quand tout dort dans la maison, seule, à la clarté d'une lampe, tourner ses fuseaux ou manier son aiguille ?... C'est pour ses enfants qu'elle travaille et qu'elle oublie le repos.

Une bonne mère est la providence de la maison.

Enfants, aimez, respectez votre mère, ne la troublez jamais par le chagrin, et quand elle sera avancée en âge, soyez le soutien de sa vieillesse.

André était un bon fils. Il avait perdu son père, et il était resté seul avec sa mère.... « Eh bien! dit-il, c'est moi qui serai l'appui de ma mère. »

Il se mit donc à travailler avec courage ; et quand il recevait le salaire de son travail, il venait tout joyeux l'apporter à sa mère.

Et souvent, quand les autres couraient aux plaisirs et aux fêtes, il restait auprès de sa mère, lui contait quelque histoire et l'amusait par ses récits.

On voyait la pauvre femme marcher dans le village appuyée sur le bras de son fils.

Et tout le monde disait : « André est un bon fils ; » on aimait, on estimait André.

XVI. — La jeune Louise.

Louise avait été élevée dans la vertu et la douceur.

Elle était bonne et gaie : toute sa vie était plaisir et bonheur.

Elle avait vingt ans; c'était le bel âge, un âge de joie et de fêtes.

Mais il arriva un affreux malheur à Louise : son père, vieux et cassé, fut frappé d'une grande affliction; il perdit la vue.

Alors tout fut terminé pour Louise, elle dit adieu aux plaisirs, adieu aux fêtes, adieu à toutes les joies de son âge, et elle se fit conductrice du pauvre aveugle.

Elle restait près de lui; elle cherchait à l'amuser par sa gaieté et par ses discours; et quand il voulait sortir, elle lui disait : « Appuyez-vous sur moi, mon père; » et elle le conduisait dans son petit jardin ou au bord des champs....

Tout ce que le pauvre aveugle ne pouvait voir, Louise le lui représentait par ses récits.... Elle lui disait : « Voici les champs qui nous promettent de bonnes récoltes; voici les blés qui sont en fleur; voici les avoines qui épient.... » Et le pauvre aveugle croyait avoir vu tout ce que sa fille lui racontait.

Souvent on venait chercher Louise pour les fêtes, pour les plaisirs qu'elle aimait autrefois ; mais elle répondait : *Qui donc conduira mon père ?* Et elle retournait près de lui, prenait son rouet et filait en chantant.

Ainsi se passèrent plusieurs années. Louise avait une vie bien sérieuse, une vie qui à d'autres eût paru bien triste ; mais Louise était près de son père, elle soulageait son père ; elle était contente.... Elle versa bien des larmes quand les yeux du pauvre aveugle se fermèrent pour toujours.

XVII. — Jacques l'officier.

Le père de Jacques était un petit commerçant laborieux, actif, donnant à ses enfants l'exemple du travail et de la probité.

Il arriva qu'il fit une longue maladie ; puis

vint une grande baisse dans les prix des marchandises ; alors le père de Jacques fit de grosses pertes ; et il était dans la tristesse, car il songeait à sa famille.

Quand ce fut l'époque des payements, le père de Jacques ne put s'acquitter ; un créancier impitoyable arriva, menaçant de la justice et de la prison.

C'était un triste spectacle que de voir la famille en ce moment : les petits enfants criaient ; la mère n'avait pas assez de force pour retenir ses larmes devant eux, et elle sanglotait.

Jacques avait vingt-deux ans ; jusque là il avait travaillé avec son père, et tout le fruit de ses épargnes était englouti dans cette ruine. Que pouvait-il faire ?

Il se dit : il est bien juste que je n'hésite pas à exposer ma vie pour mon père ; car c'est de lui que je la tiens....

On était alors en guerre, il alla s'offrir pour servir dans l'armée, et se vendit pour remplacer le fils d'un riche.

Puis il revint à la maison. Il était riche; car, avec l'argent qu'il avait reçu, il pouvait payer les dettes de son père. Il jeta tout cet argent sur la table.

« Tenez, mon père, dit-il, je n'ai pas besoin de cela, car maintenant le pays me nourrira.... » Et il était ému en disant ces paroles.

Le père fut troublé; mais Jacques consola tout le monde; il dit qu'il aimait la guerre, et il cacha ses pleurs....

Jacques partit le sac sur le dos; mais le ciel bénit les bons fils.... Au bout de six ans, Jacques revint; il avait des épaulettes; il avait une croix d'honneur à sa poitrine. Son père était fier de lui, et racontait avec orgueil la gloire de son fils.

XVIII. — La mère malade.

Paul et Marguerite étaient frère et sœur.

Paul avait dix ans, sa sœur en avait huit ; tous deux s'aimaient tendrement, et ils aimaient tendrement leur mère, qui était pleine de bonté.

Un jour, leur mère vint à tomber malade ; elle souffrait beaucoup, et elle fut obligée de se mettre au lit.

Alors ce furent Paul et Marguerite qui la soignèrent. Paul lui apportait la tisane qu'elle buvait, et Marguerite prenait bien garde de faire du bruit : elle marchait doucement sur la pointe du pied.

« Écoute, dit Marguerite à Paul, maman est bien malade ; mais le bon Dieu peut la guérir. Allons tous deux dans notre chambre, nous nous mettrons à genoux et nous prierons le bon Dieu. »

Les deux petits enfants se mirent à genoux ; ils joignirent les mains et ils dirent.

« O mon Dieu, notre mère est bien bonne ; elle souffre, elle est malade ; mais vous êtes le maître de la guérir. Faites qu'elle se porte bien, qu'elle puisse encore prendre ses enfants dans ses bras et les caresser.

Quand ils eurent fini leur prière, ils retournèrent près de leur mère.... Elle les regarda en souriant : « Mes enfants, leur dit-elle, je suis mieux, beaucoup mieux; je ne me sens plus malade; venez, que je vous embrasse. »

Bientôt elle se leva, elle marcha dans la chambre, et elle fut guérie.

Paul et Marguerite étaient dans la joie; ils ne pouvaient se lasser d'embrasser leur mère, et ils remerciaient Dieu d'avoir exaucé leur prière.

XIX. — L'amitié fraternelle.

Les frères doivent être unis, unis entre eux comme les doigts de la main.

Car ils sont comme les branches sor-

ties d'un même tronc, comme plusieurs tiges parties d'une même racine.

Si votre frère n'est pas votre ami, quel ami aurez-vous donc sur la terre?

Nous sommes sortis du sein de la même mère, nous avons sucé le même lait; le même père nous a pressés dans ses bras.

Nos berceaux n'étaient-ils pas l'un près de l'autre dans la maison paternelle?

N'avions-nous pas nos places côte à côte au foyer de la famille, à la table du père et de la mère?

Celui qui aime son père et sa mère, aime ses frères et ses sœurs.

Car, combien serait déchiré le cœur du père, de quel chagrin la mère serait affligée, s'ils pensaient que ceux qui sont nés d'eux et qu'ils aiment d'une même tendresse, vivent divisés et ennemis!

Mon frère sera donc mon meilleur ami, et je n'aimerai personne plus tendrement que ma sœur.

Je ne serai pas dans la joie quand mon frère et ma sœur seront dans la tristesse; je les soutiendrai s'ils ont besoin de moi; je les aiderai de ce que j'ai; si peu que j'aie, je ne leur fermerai point ma maison ni mon cœur.

Il y a une vieille parole; elle est pleine de vérité : L'union fait la force.

Plusieurs branches unies, l'homme le plus fort ne pourra les rompre : séparez-les, un enfant les brisera en se jouant.

XX. — Les trois Frères.

C'était dans les froids de l'hiver, lorsque les ruisseaux sont arrêtés par la glace, qu'il n'y a plus de feuilles aux arbres, et que l'on n'entend plus le chant des oiseaux dans la campagne.

La terre était toute couverte de neige, et, aussi loin que l'on portait les regards, on n'apercevait que la plaine toute blanche, et les côteaux chargés de frimas, et les arbres qui ressemblaient à un vieillard dont les cheveux sont blancs.

Au-dessus de toutes les petites maisons du village, on voyait s'élever la fumée du foyer : car tous les bons villageois étaient autour du feu à réchauffer leurs doigts glacés, regardant par leur fenêtre la campagne triste et désolée.

Michel et Catherine étaient un pauvre ménage ; ils avaient bien souffert des rigueurs de l'hiver, car ils étaient pauvres ; leur petite maison était mal close, le vent soufflait par les ouvertures des portes et des fenêtres, et ils n'avaient pas toujours assez de bois pour ranimer leur feu qui s'éteignait.

Auprès d'eux étaient trois jeunes enfants qu'ils aimaient avec tendresse, trois bons petits garçons : Michel, l'aîné, âgé de dix ans ; Charles, âgé de huit ans, et Frédéric, le plus petit, qui n'avait encore que six ans.

Cependant, ces pauvres petits voyaient que leur père et leur mère souffraient de la rigueur du froid ; ils se dirent entre eux : « Allons dans la forêt ; nous ramasserons les branches tombées, nous en ferons des fagots, et nous les rapporterons à la maison. »

Ils partirent donc, foulant aux pieds la neige qui remplissait la route et qui cachait les sentiers de la campagne ; bientôt ils perdirent de vue leur petite maison, et ils s'enfoncèrent dans les détours du bois, ramassant les rameaux que le vent avait détachés de la cime des arbres.

XXI. — Suite des trois Frères.

Mais pendant que les trois jeunes frères étaient ainsi occupés, ils ne s'apercevaient pas que la nuit approchait ; et bientôt, comme ils étaient loin, bien loin, ils virent que le jour baissait et que déjà il ne leur serait plus possible de regagner leur chaumière.

Alors ils s'empressèrent de charger leurs fagots, et de se mettre en route pour retourner au village.

Mais la route était difficile ; la neige avait effacé le chemin ; elle s'attachait à leurs pieds et rendait leurs sabots pesants ; si bien qu'au bout de quelque temps ils étaient épuisés de fatigue, et que le petit Frédéric ne pouvait plus marcher.

Que faire dans cette extrémité ? Ils étaient seuls, la forêt était profonde, ils n'apercevaient nulle part aucune lu-

mière qui leur annonçât une habitation voisine ; et quand ils voulaient crier, leur voix retentissait dans cette triste solitude et était répétée par l'écho des grands bois.

L'aîné essaya quelque temps de porter Frédéric sur son dos ; mais le fardeau était trop lourd, il fallut s'arrêter, et tous trois se mirent à pleurer.

Le froid était bien vif ; un vent piquant soufflait à leur visage, et leurs larmes gelaient en coulant sur leurs joues : leurs mains étaient engourdies par le froid, et leurs pieds ne pouvaient plus se mouvoir.

Alors ils se pressèrent tous trois l'un contre l'autre, et Michel, l'aîné, sentant que son petit frère Frédéric était tout froid et tout glacé, s'efforça de le réchauffer contre lui.

Voyant qu'il n'y pouvait parvenir, il n'hésita pas, il ôta son habit, et, restant lui-même exposé au vent et à la bise, il en couvrit le pauvre petit : il pleurait, mais il pleurait surtout à cause de ses frères et cherchait à les encourager.

XXII. — Fin des trois Frères.

Cependant on s'inquiétait à la chaumière de ne pas voir revenir les pauvres enfants : de temps en temps le père et la mère s'avançaient sur le seuil de la porte; ils regardaient aussi loin que leur vue pouvait s'étendre ; mais ils ne voyaient rien.

Souvent ils appelaient Frédéric ! Michel ! Charles ! mais aucune voix ne leur répondait, et ils n'entendaient que les aboiements de quelques chiens qui troublaient seuls le silence de la plaine.

La nuit s'avançait, ils sortirent inquiets ; quelques hommes du village partirent munis de flambeaux pour aller avec eux à la recherche.

On finit par trouver les pauvres enfants. C'était un spectacle à faire pitié; ils étaient engourdis de froid et paraissaient frappés de mort. On voyait comment Michel s'était dépouillé de son habit pour en couvrir son jeune frère; puis, ne pouvant le ranimer, dans sa tendresse fraternelle, il s'était couché sur le corps du pauvre petit, afin de le réchauffer et de lui servir d'abri contre le vent et la neige.

On admira ce dévouement; des hommes prirent les jeunes enfants dans leurs bras, on les porta à la chaumière, on alluma un grand feu, et bientôt ils se ranimèrent. Il n'est pas besoin de dire avec quelle joie ils s'embrassèrent et se jetèrent dans les bras de leurs parents.

XXIII. — L'Amour du prochain.

« Aimez votre prochain comme vous-même.

« Ne faites pas aux autres ce que vous ne voudriez pas qu'on vous fît.

« Mais ce que vous voudriez que les autres fissent pour vous, faites-le pour eux.

« Aimez jusqu'à vos ennemis, faites du bien à ceux qui vous haïssent, et priez pour ceux qui vous persécutent et qui vous calomnient.

« Ainsi vous vous montrerez les enfants de votre père qui est dans les cieux, lui qui fait luire son soleil sur les bons et sur les méchants, et qui fait tomber ses pluies sur le juste et sur l'injuste.

« N'exercez pas la vengeance; et ne gardez pas le souvenir des injures que vous avez reçues.

« Pardonnez aux autres leurs torts envers vous, pour qu'on vous pardonne les vôtres.

« Comment oseriez-vous implorer la pitié de Dieu si vous gardiez votre ressentiment contre un homme? Comment demander le pardon quand vous réservez la vengeance?

« Ne dites point : Je traiterai les autres comme ils m'auront traité, et je rendrai à chacun selon ses œuvres envers moi.

« Ne rendez pas le mal pour le mal, ni l'injure pour l'injure; au contraire, ne vous vengez du mal qu'en faisant du bien; cherchez à vaincre le mal par le bien.

« Nous avons tous le même père; car le même Dieu nous a créés et nous a formés de la même boue : nous ne sommes qu'une seule et grande famille.

« Notre sort à tous est commun : la même terre nous a reçus; les mêmes douleurs en naissant ont fait couler nos pleurs; nous sommes entrés de même dans la vie, et nous en sortirons de même. »

XXIV. — La Charité.

« Faites l'aumône de votre bien et ne détournez jamais votre visage du pauvre;

ainsi vous mériterez que Dieu lui-même porte sur vous ses regards.

« Donnez suivant ce que vous avez : si vous avez beaucoup, donnez beaucoup; si vous avez peu, donnez peu, mais ce peu donnez-le de bon cœur.

« Ainsi vous amassez un trésor pour le jour de la nécessité.

« Car Dieu voit les actes de bienfaisance, et il s'en souvient pour l'avenir.

« Avoir pitié des pauvres, c'est prêter à Dieu ; Dieu acquittera sa dette.

« Ne donneriez-vous au malheureux qu'un verre d'eau pour le rafraîchir, cela même aura sa récompense.

« Partagez votre pain avec ceux qui ont faim, et couvrez de vos vêtements ceux qui sont nus.

« Quand vous faites votre moisson, ne vous retournez pas pour ramasser les épis tombés de vos mains : laissez l'étranger, l'orphelin et la veuve les ramasser derrière vous, afin que la bénédiction de Dieu soit sur vous dans toutes vos œuvres.

« Ayez pitié de ceux qui souffrent, comme si vous souffriez vous-mêmes.

« Celui qui donne aux pauvres s'enrichit ; celui qui repousse les malheureux sera malheureux à son tour.

« Malheur à celui dont l'oreille s'est endurcie aux cris du pauvre ! un jour il s'écriera et l'on sera sourd à ses cris.

« Donnez et l'on vous donnera ; faites bonne mesure aux autres, car on se servira pour vous de la mesure dont vous vous serez servi pour eux.

XXV. — Les Orphelins.

Il était arrivé un grand malheur dans la maison du pauvre Marcel, il avait perdu sa femme, et il ne tarda pas à la suivre au tombeau : il mourut pleuré de tous ses voisins, car c'était un brave homme.

Cependant il laissait deux orphelins ; de

pauvres enfants bien jeunes qui n'avaient pas de parents sur la terre et qui manquaient de tout.... C'était un spectacle affligeant.

Robert demeurait près de Marcel. Robert n'était pas riche, il travaillait de ses bras, il avait trois enfants.

« Cela me fend le cœur, dit-il à sa femme, de penser à ces pauvres enfants.... Que vont-ils devenir?

« Écoute, ajouta-t-il, il faut les prendre dans notre maison ; nous les élèverons avec les nôtres ; cela nous fera une grosse famille, mais n'importe.

— Y penses-tu? lui répond sa femme ; nous avons bien de la peine à nourrir trois enfants, comment ferons-nous pour en nourrir cinq?

— Eh bien, reprit Robert, nous nous gênerons un peu ; au lieu d'une livre de pain nous n'en mangerons que trois quarterons : le bon Dieu y pourvoira. Il nourrit les oiseaux dans les champs. »

Le voilà donc qui sort; il va chercher ces

deux orphelins et, tout ému, les ramène à sa maison.

Ils furent élevés avec ses enfants sans qu'il distinguât les uns des autres; il les aimait et les appelait ses fils.

Il fallut s'imposer bien des privations et vivre dans la gêne ; mais il arrivait au bout de l'année, et il avait le cœur content.

Or, les deux orphelins grandirent et alors ils travaillèrent de leurs bras ; ils étaient des ouvriers actifs, et à la fin de la semaine ils rapportaient à Robert le salaire de leurs journées.

Si bien que le pauvre Robert se trouvait riche, et bénissait la Providence.

XXVI. — Julien.

C'était le temps où l'on donne la façon des vignes, et où l'on prépare la terre pour la disposer à recevoir les influences du soleil et de la pluie.

Michel tomba malade ; Michel était vigneron, il vivait de ses vignes, et il pensait avec chagrin qu'il ne pouvait travailler et que l'espoir de sa récolte allait être perdu.

Sa maladie se prolongeait, l'année avançait, son malheur était certain.

Julien était voisin de Michel : il se dit en lui-même : « Qui ne fait rien pour les autres ne mérite pas que l'on fasse rien pour lui.

« Il faut que je me lève deux heures plus tôt et que je me couche une heure plus tard ; avec cela et du courage, je ferai la besogne de Michel. »

Et le voilà qui, sans rien dire, se met à l'ouvrage, travaillant dès que le jour paraissait, travaillant le soir, quelquefois même au clair de lune.

Si bien qu'au bout de douze jours les vignes de Michel étaient en bon état, et qu'on en voyait les grains grossir à vue d'œil.

Cependant Michel vint en convalescence,

et un jour, par un beau soleil, bien faible encore, il voulut aller voir ses vignes, tout attristé en pensant qu'il les trouverait incultes et stériles.

Mais quel étonnement ! la terre est nettoyée, labourée, les ceps sont soutenus et taillés, les grappes sont florissantes !

Alors il sut ce qu'avait fait Julien, et il fut pénétré de reconnaissance, et il serra avec force la main de Julien, promettant que jamais il n'aimerait personne avec plus de tendresse.

Julien avait le cœur content, et il était bien payé de sa peine.

XXVII. — Le Voyageur.

Par un jour d'orage un voyageur se présenta dans un village; le vent soufflait, la pluie tombait, les arbres se courbaient agités par le vent.

Le voyageur était mouillé, trempé, sali de boue; il avait froid, il avait faim....

« Ouvrez-moi, dit-il, à la première maison du village; ouvrez; par pitié, un peu de feu pour me réchauffer, un morceau de pain pour me nourrir. »

Mais on le repoussa durement : « Ma porte ne s'ouvre pas pour les vagabonds, dit le maître; passez votre chemin. »

Le voyageur frappa à une autre porte....
« J'ai froid, j'ai faim, dit-il; de grâce, ouvrez-moi.... »

Mais le maître répondit : « Prenez-vous ma maison pour une auberge?... Allez au bout du village; il y a une hôtellerie. »

Ainsi le voyageur alla de porte en porte, et toutes lui furent fermées avec inhumanité.

Cependant il vint frapper à une petite chaumière bien humble et bien pauvre.

« Entrez, entrez, lui dit le villageois qui l'habitait, nous allons jeter un fagot sur le feu, et il y a encore, Dieu merci, quelque peu de pain dans la huche.... Vous paraissez bien fatigué, mon brave homme, il fait un temps affreux : attendez ici que l'orage soit passé. »

Et le villageois jeta sur le feu quelques morceaux de bois sec, et la flamme pétillante réchauffa le voyageur.

Puis la femme prit l'habit du voyageur pour le faire sécher, et elle lui offrit du pain et quelques œufs qui lui restaient encore.

C'était tout ce qu'avaient ces pauvres gens....

Quand le voyageur se fut reposé, que la pluie eut cessé, et que la tempête fut apaisée, il se disposa à partir.

« Les gens de ce pays ont le cœur dur, dit-il, mais vous êtes bons et généreux ; le ciel vous récompensera, je reviendrai vous voir.... »

Le lendemain, on entendit dans le village un grand bruit de chevaux et de voitures ; il y avait de nombreux cavaliers en avant, il y en avait en arrière.... C'étaient les équipages du roi.

Tout le monde accourait, on sortait des

maisons, on regardait d'un œil curieux....
Et tout ce train s'arrêta devant la maison du
bon villageois.

Un homme descendit de voiture : c'était
le roi lui-même qui avait un air de bonté
et qui souriait.

« Mes braves gens, dit-il, je suis le
pauvre voyageur d'hier ; j'étais égaré à la
chasse, et vous m'avez reçu avec bonté....

« Maintenant il faut que je vous rende
ce que vous avez fait pour moi, et je viens
vous constituer la propriété de la petite ferme
du bas du village. »

Les bonnes gens étaient tout ébahis....
Les hommes au cœur dur de la veille étaient
tout confondus, et ils rentrèrent dans leurs
maisons la honte sur le visage.

XXVIII. — Les Hommes nécessaires aux Hommes.

Le petit Eugène se promenait un jour avec

son père. Eugène avait huit ans ; il était sage et réfléchi.

Ils traversèrent des champs et ils virent des moissonneurs qui fauchaient des blés, des hommes de charrue qui labouraient la terre, des faneurs qui rentraient les foins.

Ils traversèrent le village, tout le monde était actif : aux portes des fermes on entendait les batteurs qui battaient le grain dans la grange, et les cribleurs qui le nettoyaient au grenier : la voix de la ménagère appelait les filles à la basse-cour pour tirer le lait des vaches.

Le maréchal battait son enclume : le fer rougissait au fourneau et devenait soc ou coutre pour les charrues, essieu pour les roues, pioche, bêche ou marteau pour le travail des hommes.

Il y avait des maçons qui construisaient un édifice, des charpentiers qui façonnaient le bois; la lime du serrurier criait sur le fer.

Le meunier portait des sacs au moulin, la roue du moulin tournait sous la force de l'eau, et on entendait le tic tac des meules.

« Mon Dieu! comme tout le monde est actif, dit Eugène, il n'y a de temps perdu pour personne.

— Oui, répondit le père, mais il est une chose à laquelle tu n'as pas pensé, sans doute.

— Quoi, mon père?

— Mon ami, c'est que l'homme serait bien malheureux s'il était seul, et que nous avons tous besoin les uns des autres.

« Regarde, ne faut-il pas que le maçon bâtisse notre maison, que le charpentier en façonne le bois? ne faut-il pas que le laboureur sème le grain qui nous nourrit, que le moissonneur le récolte, que le meunier le réduise en farine, que le boulanger le fasse cuire?

« Tu n'as pas fait toi-même tes habits, ton linge. Ne faut-il pas que le tondeur coupe la laine de la brebis, que le fabricant la prépare et en fasse du drap? que le cultivateur sème le chanvre et le lin, que la fileuse le file, que le tisserand en fasse de la toile?

« Réfléchis donc, mon ami : nous sommes une grande famille, nous nous aidons les uns

4.

les autres, et il n'est aucun de nous qui puisse se suffire à lui-même.

« Nous travaillons pour les autres, les autres travaillent pour nous : c'est un mutuel échange de service et de secours.

« Nous sommes tous liés les uns aux autres puisque tous nous avons besoin les uns des autres. »

XXIX. — Le bon Pasteur.

Auprès de l'église du village, il y a une maison simple et modeste.

Près de la maison est un petit jardin qu'entoure une haie d'épines, et dans le jardin des fruits et quelques fleurs, et des légumes dans les carrés.

C'est la tranquille habitation du pasteur, c'est le presbytère avec ses croisées peintes en vert, et sa vigne dont le feuillage grimpe et s'élève sur le fronton de la porte.

Vous qui avez quelque chagrin, allez là, vous y trouverez des paroles de paix et des consolations qui viennent du ciel.

Vous qui avez fait une faute et qui vous repentez, allez là, vous y trouverez de bons conseils, et vous apprendrez à vous réconcilier avec Dieu, avec les hommes et avec vous-même.

C'est une vie de dévouement et d'humanité, que celle du bon pasteur.

Il songe aux autres et bien peu à lui-même; il est comme le père de la grande famille qui l'entoure.

S'il y a un malheureux, un homme qui pleure, c'est celui-là qu'il préfère et qu'il va visiter; les heureux n'ont pas besoin de lui.

S'il y a un malade, il va s'asseoir près de son lit, il l'encourage dans ses douleurs. Il y a dans sa bouche des paroles qui fortifient et qui font du bien.

Les hommes ne peuvent parler que des espérances de la terre; mais lui, il parle des espérances du ciel, d'espérances immortelles.

Ah! c'est un beau et noble ministère;

respectons celui qui le remplit dignement, et qui aime les hommes, et qui leur apprend à s'aimer les uns les autres.

XXX. — Les Sœurs de charité.

Des femmes bonnes, pieuses, prenant pitié des douleurs des autres, au cœur pur, à l'âme généreuse, se sont dit à elles-mêmes :

« Tout le monde sera notre famille, nous serons les sœurs de tous.

« Et nous ne verrons en tous que des frères et des sœurs, et nous les traiterons comme des frères et des sœurs.

« Et nous soignerons les jeunes enfants ; nous leur apprendrons les premières leçons, nous leur enseignerons à prier Dieu et à aimer leur père et leur mère.

« Et nous soignerons les malades, nous veillerons auprès de leur lit, nous approcherons de leurs lèvres le breuvage salutaire, nous panserons les plaies du corps, et nous assisterons le malheureux qui meurt.

« Et toute notre vie se passera ainsi, tout occupée des autres. Nous tâcherons de faire un peu de bien, et nous ne demanderons pas aux hommes notre récompense sur la terre. »

Admirables et pieuses filles, vous méritez les respects et la vénération du monde.

J'ai vu passer la sœur de l'hospice; elle était vêtue de sa longue robe de bure, avec son voile de toile blanche.... Pour tout ornement elle avait sa propreté.

Elle marchait les yeux baissés, et, sur sa route, elle souriait en rencontrant un malade qu'elle avait soigné. Les petits enfants la saluaient et se découvraient à sa vue.

Elle est entrée dans une petite maison, dans la maison d'un pauvre : là il y avait un malade; elle a porté des remèdes; elle a donné l'espoir de la guérison.

Puis elle est sortie : il y avait sur sa figure la joie qu'on goûte lorsqu'on vient de faire une bonne action.

Quelle est donc la vie de ces bonnes filles,

qui se passe au milieu des malades, des cri de douleur, des pleurs des mourants?

C'est une vie de piété, de dévouement d'humanité, d'amour du prochain ; mais c'es une vie heureuse : car on est heureux quand on fait le bien.

XXXI. — La Vengeance.

Un homme avait conçu de la haine contre Frédéric : je ne veux pas nommer cet homme, car il faut oublier le nom des méchants.

Cet homme faisait à Frédéric tout le mal qu'il pouvait ; il répandait de mauvais bruits sur son compte, il lui suscitait des querelles, et se rendait son ennemi en tout et partout.

Que pouvait faire Frédéric ? Il restait tranquille : « Tout cela ne me rend pas plus noir, disait-il ; les braves gens me connaissent bien et me jugent. Quel bien me reviendrait-il de me venger ? on ne s'engraisse pas du mal qu'on fait aux autres. »

Or, il arriva qu'un jour un des enfants de cet homme tomba blessé sur la route. Frédéric passait par là; il prit l'enfant dans ses bras, le secourut et le porta à la maison de son père.... « Pauvre enfant! disait-il en chemin, il ne faut pas qu'il souffre de la haine que son père a pour moi. »

Un autre jour, il arriva un malheur dans la maison de cet homme : les bestiaux étaient malades, ils étaient menacés de mourir. Frédéric savait des secrets pour guérir les bestiaux malades; il y alla, il donna des remèdes, et les bestiaux guérirent.

Un autre jour encore, les chevaux de cet homme s'étaient emportés dans un chemin rapide; il était entraîné vers un abîme, et il allait être brisé contre les rochers; mais Frédéric accourut, il s'élança comme un éclair et il arrêta les chevaux au péril de sa vie, et l'homme fut sauvé tout pâle de terreur.

Tout le monde voyait cela, et on se disait : « Comment n'aimerait-on pas Frédéric, qui fait du bien à ceux qui lui font du mal ? »

Et cet homme, tout honteux, vint le trouver et lui dit : « Frédéric, vous êtes bon, et je suis un méchant; vous m'avez vaincu : je ne vous ferai plus de mal. »

XXXII. — Le mauvais Riche.

Il y avait l'opulente maison d'un riche, toute décorée d'ornements et de sculptures.

De nombreux serviteurs allaient, venaient, travaillant pour le luxe et les plaisirs du maître.

Et la table était somptueusement servie, couverte de mets achetés à grands prix, et de poissons apportés des mers lointaines.

Et le soir, tout était resplendissant de l'éclat des lumières, les voitures roulaient, les chevaux frappaient du pied dans les cours, et l'on voyait les parures brillantes et les pierreries.

Cependant, près de cette maison du riche il y avait l'étroite demeure d'un pauvre.

Et la demeure du pauvre était triste et désolée. Le vent soufflait par les fenêtres mal fermées ; le feu était éteint dans son foyer ; il avait froid, il avait faim....

Et pendant qu'il s'affligeait, il entendait le bruit des fêtes et l'éclat de la joie dans la maison voisine.

Or, il allait quelquefois présenter sa misère à la porte du riche ; mais on le repoussait, et le maître ordonnait à ses valets de le chasser durement.

Il demandait à ramasser quelques-unes des miettes qui tombaient de cette table somptueuse ; mais on lui disait *va-t'en,* et on les jetait aux chiens.

Mais voici que quelques années s'écoulèrent, et le riche se jeta dans des entreprises hasardeuses, et les créanciers arrivèrent, et ils envahirent le palais tout brillant de dorures.

Et le riche connut ce que c'était que la peine et la misère : car il fut abandonné de tous, et il n'avait plus d'amis.

Et il alla habiter la petite maison du pauvre, la demeure étroite et triste où le vent soufflait par les fenêtres mal fermées....

Le pauvre avait travaillé; il avait gagné son pain à la sueur de son front ; il était tranquille et en paix avec sa famille.

XXXIII. — L'Égoïsme.

Savez-vous ce que c'est que l'égoïsme ?

Un homme se dit : « Pourvu que je sois heureux, que m'importent les autres ?

« Chacun pour soi dans le monde ; je n'y suis pas venu pour faire la tâche des autres, ni pour me tourmenter sur leur sort, ni pour me priver de quelque chose à cause d'eux.

« Je m'occuperai de moi, je songerai à moi, je vivrai pour moi ; advienne aux autres ce qu'il pourra. »

Ainsi, *moi, toujours moi,* et, *après moi, rien ;* voilà le langage, voilà la pensée de l'égoïste....

Si d'autres ont du chagrin, l'égoïste s'éloigne d'eux pour que sa vie n'en soit pas troublée.

Si d'autres sont malheureux ou pauvres, l'égoïste se renferme dans sa maison, dans la crainte de s'appauvrir ou de retirer quelque chose à ses jouissances, en donnant quelque peu de ce qu'il a.

Savez-vous maintenant ce qui arrive à l'égoïste ?

Comme il n'aime personne, personne ne l'aime.

Comme il s'éloigne des autres, les autres s'éloignent de lui.

L'égoïste n'a ni père, ni mère, ni frère, ni sœur, ni parents, ni amis.

Les hommes sont méchants, ingrats, dit l'égoïste; et il ne s'aperçoit pas que c'est lui qui est un ingrat et un méchant.

« Égoïste au cœur dur, à l'âme glacée, tu passes ta vie seul et délaissé comme un hibou dans son nid, dont il ne sort que la nuit pour chercher sa pâture.

« Tu vis dans ta maison comme l'animal immonde dans un trou de muraille.

« Vienne la vieillesse, viennent les infirmités, et alors l'égoïste n'a personne autour de lui; il languit seul, il souffre seul, il meurt seul. »

XXXIV. — La Famille.

Entrez avec moi, entrez dans la maison qu'habite l'honnête famille.

Le père travaille, il est aux champs, il est dans la maison, il est au jardin, il est à ses outils, à son métier, aux affaires de son commerce ; toujours actif, jamais inoccupé.... Ce n'est pas pour lui seul qu'il travaille ; c'est pour sa femme, pour ses enfants qui l'entourent et qui ont besoin de lui....

La mère va, vient, elle prépare le repas, elle excite la flamme du foyer, elle tourne son rouet ou pousse son aiguille, elle s'agite autour de ses enfants, elle arrange leurs habits, elle met l'ordre et la propreté autour d'elle.... Ce n'est pas pour elle seule qu'elle s'inquiète : le bonheur de son mari, celui de ses enfants l'occupent avant tout.

Les enfants, non plus, ne sont pas oisifs : voici l'aîné qui déjà travaille avec son père et qui aide aux besoins de la maison ; voici la fille la plus âgée qui manie l'aiguille et qui aide sa mère, et qui porte le plus jeune enfant dans ses bras.

Regardez : voici la petite troupe qui va au jardin, qui va aux champs ; si jeunes qu'ils sont, ils arrachent de leurs petites mains les mauvaises herbes ; ils cueillent la pâture de la vache et des bêtes de la basse-cour.

Ainsi chacun contribue pour sa part, et autant qu'il le peut, à l'aisance commune, aux besoins de tous.

Grand ou petit, chacun paye son tribut et le paye de bon cœur.

Et la félicité de tous se compose de la réunion des efforts de chacun.

Voilà la famille, la bonne et honnête famille, heureuse de son union et de sa probité.

Personne n'y vit pour soi seul; on y vit les uns pour les autres; chacun y vit pour tous.

XXXV. — La Vieillesse.

C'est quelque chose de beau et de respectable que la vieillesse.

Voyez cet homme qui a vécu de longues années, dont le front est couvert de rides, dont les cheveux sont blanchis par l'âge.

Il compte soixante-quinze ans, quatre-vingts ans. Il était vieux déjà quand vous êtes venus au monde.

Il vous a vus naître, il a vu naître vos pères.

Il est comme un vieux chêne dans la forêt, au milieu des jeunes arbres et des arbrisseaux.

Jadis il était actif, il était fort, il marchait la tête droite et le front levé.

Ses forces se sont affaiblies par l'âge, mais il a conservé la sagesse et les bons conseils. Allez à lui, il vous parlera du temps passé et de l'expérience acquise dans les longs travaux de la vie.

Allez, un vieillard vertueux, c'est comme un vase ancien qui conserve le goût de la liqueur précieuse qu'il renfermait autrefois.

Et la femme vertueuse qui a vieilli, que je la vénère dans la paix de ses dernières années !

Elle n'a plus les agitations, le trouble du ménage et des enfants.

Ses enfants ont grandi à leur tour, ils sont chefs de famille ; mais elle vient quelquefois encore au milieu d'eux, instruisant ses brus et ses filles.

Puis elle se retire paisible dans sa demeure, car Dieu lui a donné, avant le terme de ses jours, un intervalle de repos et de recueillement.

Levez-vous donc, levez-vous devant celui qui a vécu de longues années, et honorez les vieillards.

Où sont les vieillards, que la jeunesse soit timide et réservée, et qu'elle se taise pour entendre leurs paroles.

Et qu'elle n'accuse pas les vieillards de faiblesse et de déraison, car la jeunesse est insensée, et la sagesse est dans la bouche des vieillards.

La sagesse est dans la bouche des vieillards comme le miel est dans le tronc d'un vieux arbre.

XXXVI. — Les Serviteurs.

Il y a de belles maximes dans les livres chrétiens :

« Soyez bons pour vos serviteurs, y est-il dit, car vous savez que votre maître et le leur est au ciel, et qu'il ne fait distinction de personne.

« N'est-ce pas le même Dieu qui a créé votre serviteur et vous ? N'êtes-vous pas tous deux l'ouvrage de ses mains ?

« Si vous n'avez pas été juste envers votre serviteur, que ferez-vous lorsque Dieu se lèvera pour vous juger vous-même? Que répondrez-vous lorsqu'il vous interrogera? »

C'est qu'en effet nous sommes tous égaux devant Dieu, et qu'en sa présence il n'y a ni rangs ni degrés.

Devant Dieu, il n'y a ni maîtres, ni maîtresses, ni serviteurs, ni servantes, ni premier, ni dernier.

Devant Dieu, il n'y a que des hommes qu'il a créés tous semblables, et qu'il a formés du même limon.

Si donc il a plu à Dieu qu'il y ait sur la terre des inégalités entre ceux-là même qui sont égaux devant lui, n'oublions pas pour cela cette égalité première, éternelle, devant laquelle disparaissent toutes les inégalités du monde.

Soyez bon, humain, généreux envers vos serviteurs : faites pour eux ce que vous voudriez qu'on fît pour vous. Traitez-les comme des êtres que Dieu vous a confiés et remis, non pour les rendre malheureux, mais pour leur bonheur, non moins que pour vos besoins.

Si vous n'êtes pas indulgent pour leurs défauts, qui donc sera indulgent pour les vôtres?

Croyez-vous que les défauts des serviteurs cessent d'être des défauts dans les maîtres, et qu'il y ait des priviléges d'état qui fassent excuser dans les uns ce qui est blâmé dans les autres ?

La règle est la même pour tous : pardonnez donc pour qu'on vous pardonne.

XXXVII. — Les Amis.

C'est un bien précieux qu'un ami, et rien ne contribue davantage au bonheur de la vie.

Les joies sont plus vives quand on n'est pas seul pour les goûter, et que d'autres les partagent et se réjouissent avec nous.

Et les chagrins sont plus faciles à supporter quand vient un ami qui vous encourage, qui vous serre dans ses bras et qui pleure avec vous.

Car un fardeau est plus léger quand on est deux pour le soutenir, et deux branches unies ne se brisent pas comme une branche seule et fragile.

Et quand vous sortez et que vous êtes par les chemins, dans la ville ou dans le village, il est doux de rencontrer des amis qui vous sourient et qui vous serrent la main, et non des indifférents qui passent sans souci de vous et de ce qui vous touche.

Et quand vous êtes malade, il est consolant d'entendre le pas d'un ami qui vient, inquiet, frapper à votre porte, et de reconnaître sa voix qui s'informe de vos nuits et de vos douleurs.

C'est un trésor qu'un ami, trésor que l'or et les richesses ne donnent pas.

Trésor que le plus pauvre peut obtenir, et qui s'acquiert par la bonté et l'affection.

Je ne sais pas pourquoi l'on fait tant d'efforts pour obtenir les biens de la terre, et pourquoi souvent on en fait si peu pour obtenir un ami.

Car j'aime mieux que ma maison soit pleine d'amis que pleine de somptuosité et de luxe.

Et j'aime mieux un seul ami qui vient s'asseoir à mon foyer, qui me conte ses chagrins et son bonheur, et qui s'émeut de mes peines et de mes plaisirs, que tant de joies périssables après lesquelles on court.

Un homme avait un ami, un ami véritable, et mis à l'épreuve du bien et du mal.

Or, un jour cet homme fut frappé par le malheur, et, dans sa détresse, abandonné de tous, il songea qu'il avait un ami, et que là était son refuge.

Il partit donc pour aller le chercher; mais il le rencontra comme il était en chemin.... « J'allais à vous, » lui dit-il.

« Et moi, lui répondit l'ami, j'allais vous chercher. »

XXXVIII. — La Reconnaissance.

On se plaint quelquefois du petit nombre d'hommes généreux et bons.

Et l'on dit que la bienfaisance est rare, et qu'il en est peu qui cherchent à faire du bien et à répandre sur les autres quelque chose de ce qu'il a plu à Dieu de leur accorder.

En effet, il est un grand nombre de cœurs secs. Chacun vit pour soi, et, quelque favorisé qu'on puisse être, on s'imagine encore n'avoir pas assez.

Et l'on regarde comme peines perdues toutes celles qu'on se donne pour les autres.

Mais savez-vous ce qui est plus rare encore que le bienfait? c'est la reconnaissance.

Beaucoup reçoivent le bienfait comme une dette qu'on leur paye, et non comme une dette qui les oblige.

Et la semence que répand l'homme bienfaisant tombe sur une terre ingrate et desséchée.

On perd le souvenir d'un bienfait, et la reconnaissance est un fardeau que l'on porte avec fatigue.

Qu'est-ce donc que l'ingrat? C'est l'arbre qui donne des fruits amers pour prix des soins qu'il a reçus, et qui ne récompense que par ses rameaux stériles et nus la main diligente qui arrosait sa tige.

C'est le serpent glacé qu'on réchauffe sur son cœur, et qui blesse de sa morsure le sein qui le ranime.

Fuyez l'ingrat, et, pour vous, gardez au fond du cœur la pensée du bien qu'on vous a fait.

Ne savez-vous pas que les animaux eux-mêmes sont reconnaissants, et que le chien lèche la main qui le frappe, parce qu'il n'oublie pas que cette main l'a caressé.

XXXIX. — Le vieux Michel.

Il était une dame riche et puissante.

Et son âme était aussi belle, et son cœur était aussi bon que sa fortune était grande et élevée, de sorte qu'elle répandait le bien autour d'elle : sa maison était la maison des pauvres, et elle était tant aimée et chérie, que tous, en la voyant passer, auraient voulu baiser le bas de sa robe.

Mais il arriva de grands malheurs dans notre pays de France; toute cette fortune fut renversée, et la grande dame fut obligée de sortir de ses châteaux.

Elle était malheureuse à son tour, malheureuse comme ceux qu'elle secourait autrefois, et chaque jour augmentait sa détresse.

Or, un jour qu'elle était solitaire et pensive dans sa pauvre demeure, elle vit arriver le vieux Michel, un brave homme, un ancien serviteur qu'elle avait eu près d'elle autrefois, dans les temps de son élévation et de sa splendeur.

Le vieux Michel était ému; il portait sous son bras un gros sac d'argent; il voulait parler, et sa voix était toute tremblante.

Enfin, jetant son sac sur la table : Voilà, dit-il, voilà, madame, ce qui est à vous ; il y a longtemps que je vous le dois ; je vous le rapporte....

— Comment! comment! bon Michel, dit la dame.

— Oui, madame, répondit-il : quand j'étais près de vous, vous avez été bonne pour moi, vous m'avez comblé de bienfaits, et vous m'avez aidé à établir mes enfants.

« Et quand j'ai eu besoin d'argent pour acheter une maison et un petit champ de terre, vous m'avez aidé et soutenu.

« Grâce à vous, j'ai été heureux et tranquille, et j'ai vieilli en paix, cultivant ma vigne sur mon coteau.

« Mais maintenant.... que voulez-vous ? les temps sont mauvais.... voici que vous êtes malheureuse, et alors j'ai vendu ma maison et mon champ.... et voici que je vous apporte l'argent que j'en ai reçu.

« Quant à moi, je suis vieux, et pour ce peu que j'ai encore à vivre, il m'en restera toujours assez. »

Or, je vous dis, mes enfants, que Michel avait plus de bonheur en apportant cet argent, qu'il n'en avait eu jamais à le recevoir.

XL. — L'Orgueil.

L'orgueilleux se dit à lui-même : « Je vaux mieux que les autres, et les autres valent moins que moi. »

Il est tout rempli de lui-même, tout exalté d'estime pour sa personne, et il regarde les autres comme s'ils étaient bas, bien bas, au-dessous de lui ; comme s'il était plus grand qu'eux de toute la hauteur de sa tête.

Cependant, savez-vous ce que c'est en vérité que l'orgueilleux ?

C'est un ballon rempli de vent qui se gonfle et s'élève ; mais au dedans il n'y a rien.

C'est du fracas et du bruit, c'est du clinquant et de l'apparence ; mais là-dessous du vide.

Que j'aime, au contraire, l'homme modeste et timide, qui parle des autres, mais qui ne parle pas de lui ; qui craint de se montrer et qui se tient en arrière ; dont la parole est ferme et tranquille, comme il convient à un homme de bien, mais sans emphase et sans bruit.

Tenez, voici l'orgueilleux qui s'avance ; i

tient la tête haute, il vous regarde à peine : dérangez-vous, car il n'y a pas assez de place pour lui ! et cependant il n'y a en lui que sottise et vanité.

Mais voici venir l'homme modeste : il ne cherche pas à en imposer ni à faire baisser la tête devant lui ; il se tiendra volontiers à la dernière place ; et si vous n'allez pas le chercher pour le mettre à la première, certainement il n'ira pas s'y asseoir.

Et cependant, je vous le dis, l'homme modeste a réellement tout le mérite que l'orgueilleux s'imagine avoir.

Il y a entre l'un et l'autre cette différence, que l'orgueilleux n'est sage et n'est grand que dans sa propre opinion, et que l'homme modeste est sage et grand dans l'opinion des autres.

XLI. — Les différentes Conditions.

Il y a des conditions différentes dans le monde : l'un est à une place, l'autre à une autre ; celui-ci plus haut, celui-là plus bas : c'est la loi commune.

Il y a des ouvriers qui travaillent de leurs mains, des forgerons qui façonnent le fer, des bûcherons qui abattent le bois, des mineurs qui fouillent les entrailles de la terre, des tisserands qui tissent la toile.

Il y a des laboureurs qui cultivent le sol, qui le fertilisent et lui font produire en abondance la nourriture nécessaire à tous.

Il y a des marchands et des commerçants qui achètent et qui revendent les marchandises et les denrées, et qui les transportent par les villes et par les villages.

Il y a des soldats qui défendent le pays, enfants de la patrie qui veillent sur elle et versent leur sang pour la défendre.

Il y a des magistrats qui administrent et qui gouvernent les provinces.

Il y a des juges qui rendent la justice, tenant une balance égale entre tous, punissant les coupables et faisant rendre à chacun ce qui lui appartient.

Il faut bien que tous ces postes soient remplis, et que dans la vie chacun ait le sien.

Car si tout le monde labourait la terre, il n'y aurait pas de forgerons pour forger le soc de la charrue.

Et si tout le monde voulait être forgeron ou charpentier, il n'y aurait pas de laboureurs pour nourrir les charpentiers et les forgerons.

Et s'il n'y avait pas de tisserands et de fileurs, les laboureurs et les forgerons n'auraient pas d'habits.

Et s'il n'y avait pas des juges pour rendre la justice, et des soldats pour défendre le pays, il n'y aurait partout que trouble, malheur, rapine, injustice et violence.

Ne nous plaignons donc pas : les choses sont comme elles doivent être, et elles ne pourraient pas être autrement.

Tout homme qui travaile est utile à ses semblables, et il remplit la tâche que Dieu lui a donnée.

Il n'y a que les oisifs et les paresseux qui soient inutiles à eux-mêmes et aux autres.

XLII. — Le Tribunal.

Je suis entré dans le sanctuaire où l'on rendait la justice ; j'ai vu les juges sur leur tribunal au milieu du peuple assemblé.

Tout le monde faisait silence, et l'on écoutait avec recueillement, et personne n'osait troubler par un mot ce calme solennel.

Les juges étaient attentifs, et ils avaient un air de gravité comme il convient à des hommes qui vont remplir un grave ministère.

Devant les juges on a amené des hommes coupables, des méchants, des ravisseurs, pour qu'ils fussent punis des peines qui leur sont réservées.

On a amené un homme qui avait méchamment frappé et fait du mal, et le juge a dit d'une voix grave : « Celui qui frappe et qui blesse est puni par la loi. »

Et il a ordonné que celui qui avait frappé serait jeté dans la prison.

On a amené un ravisseur qui avait dérobé ce qui ne lui appartenait pas, et qui s'était caché, espérant que son crime resterait ignoré.

Mais la justice veille ; on n'échappe pas à ses regards, et le juge a lu la loi qui punit celui qui dérobe.

Et il a ordonné que le ravisseur serait jeté en prison pour y rester plusieurs années.

Et le ravisseur a été conduit à la prison, la honte sur le front, baissant la tête, et n'osant lever les yeux sur tous ces hommes qui le regardaient.

Puis on a amené un enfant qui avait manqué de respect à son père, et qui avait levé la main sur son père.

Et l'on a entendu le juge qui élevait la voix contre cet enfant et qui disait : « Celui qui manque à son père manque à Dieu, et il est puni par les hommes. »

Et il a ordonné que l'enfant coupable serait renfermé dans une prison pendant plusieurs années, et qu'il n'en pourrait sortir quand même son père lui pardonnerait.

Car la justice des hommes est plus sévère que la justice du père, et elle ne pardonne pas quand le père pardonne.

XLIII. — Le Criminel.

J'étais encore dans le sanctuaire où l'on rend la justice, et où les juges étaient assis, vêtus de leurs grandes robes noires.

Et il y avait beaucoup de monde qui écoutait,

des hommes qui avaient quitté leurs travaux, des femmes, des enfants qui accompagnaient leurs mères.

En ce moment on a amené un jeune homme; il était pâle et abattu; il avait des habits en désordre, et son visage était troublé.

Il s'est assis, gardé par des soldats, et alors un des juges s'est levé, et il a dit : « Celui-là s'est introduit la nuit dans une maison, et il y a dérobé de l'argent. »

Et un autre juge a dit à ce jeune homme :
« Quel âge avez-vous ?

— Vingt ans.

— Vingt ans, a répondu le juge, c'est bien jeune pour connaître déjà le crime et les prisons. Qui a pu vous porter à commettre ce vol ?

— J'avais faim.

— Et pourquoi n'aviez-vous pas de pain ?

— Je ne travaillais pas.

— Et pourquoi ne travailliez-vous pas ? »

Alors le jeune homme n'a su que répondre, il s'est troublé, et la rougeur était sur son front.

Et le juge a repris :

« Votre père était un bon ouvrier : pourquoi ne travailliez-vous pas comme votre père ? Les fils doivent suivre le bon exemple des pères. »

Et le coupable répondit : « Je n'ai pas suivi l'exemple de mon père. »

Et le juge dit encore : « Vous avez reçu les leçons d'un bon maître, il vous a enseigné la probité et l'honneur ; pourquoi n'avez-vous pas retenu les leçons de votre maître ? »

Et le coupable répondit : « Je n'ai pas écouté les leçons de mon maître. »

Le juge reprit alors : « Voilà donc ce qui vous arrive pour n'avoir pas suivi les exemples de votre père et pour n'avoir pas retenu les leçons données à votre enfance : vous vous êtes livré à la fainéantise, vous avez été entraîné par le vice, et maintenant vous voilà devant la justice des hommes, qui vous châtiera. Honte à vous ! exemple aux autres ! »

Et le jeune homme pleurait ; mais la justice des hommes ne se laisse pas attendrir par les pleurs : et bientôt la voix sévère du juge a prononcé *cinq ans de prison.*

Cinq ans de prison, enfermé derrière des grilles de fer, ne voyant que le ciel et les murailles du cachot ! cinq ans de honte et d'infamie !

XLIV. — La Prison.

Enfants, savez-vous ce que c'est qu'une prison ?

Il y a une grande maison toute grillée de barreaux de fer, avec des portes de fer, et des verrous de fer.

Autour de la maison il y a des soldats avec leurs armes, des sentinelles vigilantes et le fusil sur l'épaule.

Puis dans cette maison on pousse, on jette tous ceux que la justice a frappés : le ravisseur qui a dérobé, l'homme emporté qui a versé le sang, l'impudique qui a outragé les mœurs.

Et à mesure qu'ils entrent, il y a une voix qui dit : *Trois ans, cinq ans, six ans, dix ans.*

Et il y a un homme qui écrit sur un livre : *Trois ans, cinq ans, six ans, dix ans* : c'est l'arrêt de leur sort et le temps de leur peine.

Et il leur semble qu'à chaque instant ils entendent retentir à leurs oreilles cette voix qui répète : *Trois ans, cinq ans, six ans, dix ans.*

Ces portes de fer, elles ne s'ouvrent plus pour

eux ; les voici séparés du monde, séparés de leurs parents qu'ils aimaient, séparés des hommes libres qui vont, qui viennent où il leur plaît, séparés des fêtes et des joies.... Au-dessus de leur tête, le ciel ou la voûte de la prison ; sous leurs pieds, la terre ; autour d'eux, les murailles et les verrous : voilà tout....

Oh ! qu'alors il est plongé dans d'amères pensées, l'homme qui dit : « J'aurais pu être probe et honnête, et je serais libre et dans la joie, et je vivrais au milieu de mes amis, et la nature sourirait devant moi, et je n'entendrais pas le bruit des grilles, des verrous et des clefs ! »

Puis la voix du geôlier leur crie : *Travaille, travaille*.... et quand ils ont travaillé, la voix crie encore : *Travaille, travaille ;* et quand ils sont las et fatigués, la voix leur dit : *Dors.*

Voilà leur vie ; et quand ils sont abattus et accablés, quand les chagrins entrent dans leur âme, ils vont lire sur ce livre qui est à la porte en entrant : *Trois ans, cinq ans, six ans, dix ans.*

XLV. — L'Honnête homme.

Enfants, en sortant de ce séjour des prisons, où l'âme est oppressée, où l'on souffre, on respire à visiter la maison simple et modeste de l'honnête homme.

L'honnête homme, c'est celui qui, tranquille, peut dire dans sa conscience : « Je n'ai rien à me reprocher ; je n'ai fait de mal à personne ; je n'ai fait de tort à personne. »

L'honnête homme est-il riche, il n'emploie pas pour le mal les biens que le ciel lui a dispensés ; il en fait un si bon usage, qu'il fait dire à chacun que les dons de la fortune ne sauraient être mieux placés.

Est-il pauvre, il n'est pas de jour où il ne puisse se dire à lui-même : « J'ai des vêtements simples, une nourriture frugale, souvent rien qu'un pain grossier ; mais j'ai le cœur aussi noble, l'âme aussi grande que les riches et les grands de la terre.

« Si peu que j'aie, ce peu est à moi, acquis par mon travail, à la sueur de mon front, et personne ne peut me le reprocher. »

Aussi, au milieu des fatigues d'une vie laborieuse, pas de tourments, pas de trouble d'esprit ; il vit paisible, il s'endort en paix.

Il peut montrer son cœur à découvert ; ses pensées sont sur ses lèvres, et il ne les cache pas, car ses pensées sont bonnes et pures.

C'est quand on est entré dans la maison de l'honnête homme, de l'honnête homme pauvre, qu'on peut dire avec vérité : *Le contentement de soi-même vaut mieux qu'un trésor.... La bonne conscience est une richesse.*

Vaut mieux un pain dur gagné honnêtement que les mets somptueux qui coûtent des remords.

C'est acheter trop cher un bien qui nous séduit, que de le payer avec sa vertu et son innocence.

XLVI. — Les Trente mille francs.

Il y avait un brave ouvrier, laborieux, actif ; on entendait dès la pointe du jour le bruit de son rabot et de sa scie.

On entendait aussi ses gaies chansons, car

l'honnête homme qui travaille a de la joie dans le cœur.

Un jour on lui donna un vieux meuble à raccommoder : le voilà qui travaille, qui enlève des planches, qui arrache des clous ; puis, tout à coup, derrière une tablette, dans une espèce de secret, il aperçut des papiers.

Ces papiers.... c'étaient des billets de banque, puis avec les billets c'étaient des rouleaux d'or soigneusement enveloppés.

Il compte cinq, dix, quinze, vingt, vingt-cinq, trente : il y a trente mille francs.

Le brave homme contemplait tout cela ; jamais il n'avait vu un pareil trésor ; il était ébloui.

Enfin il ramasse cet argent, puis il va trouver sa femme, et il lui montre toute cette richesse.

« Qu'est cela ? dit la femme ; est-ce que tout cet argent est à toi ?

— A moi ! non, répondit-il ; il n'y a que ce que nous gagnons qui soit à nous ; je n'ai pas gagné cet argent ; il n'est pas à moi. »

Alors il raconta à sa femme ce qui lui était arrivé....

« Crois-tu, lui dit alors sa femme, que nous puissions garder cet argent ?

— Femme, répondit-il, je n'ai pas gagné cet

argent; il n'est pas à moi : il n'y a qu'un voleur qui garde ce qui n'est pas à lui.... je ne suis pas un voleur.

— Mais tu l'as trouvé.

— Oui, je l'ai trouvé; mais il y a quelqu'un qui l'a perdu, quelqu'un à qui il appartient; et à moi il ne m'appartient pas.

— Tu as raison, dit sa femme, le bien mal acquis, c'est du poison.... il brûle les mains.

— Qui sait? ajouta le brave ouvrier, cet argent appartient peut-être à quelqu'un qui en a plus besoin que moi.... car moi j'ai des bras et du courage; et avec cela on va loin.... Allons, il faut le rendre, il faut le rendre tout de suite. »

XLVII. — Suite des Trente mille francs.

L'ouvrier ramassa donc l'argent, il le renferma dans un sac, puis il se dirigea vers la maison où demeurait la personne à qui appartenait le meuble.

Il se promettait d'avoir de la prudence, car il pouvait se faire que le propriétaire du meuble ne fût pas le maître de l'argent.... Il fallait voir.

Il entre ; il se trouve dans une chambre habitée par deux jeunes filles.

Deux jeunes filles qui paraissaient pauvres : l'une était malade dans son lit ; l'autre travaillait, occupée à coudre et pressant son aiguille....

L'ouvrier parla de beaucoup de choses, mais pas encore du but de sa visite ; il parla de travail, il dit que les temps étaient durs, que les ouvriers avaient de la peine à gagner leur vie.

Alors la plus jeune fille lui parla ainsi :

« Vous avez raison, les temps sont durs ; et que pouvons-nous faire, nous, pauvres filles ? ma sœur malade dans son lit ; mon aiguille seule pour nourrir deux femmes ! »

En disant cela, la jeune fille pleurait, et ses larmes étaient attendrissantes.

Elle ajouta : « Encore, si nous avions été accoutumées au travail ; mais nous croyions être riches : mon père nous disait toujours qu'après sa mort nous ne manquerions de rien.... Et voilà qu'il est mort, et que nous sommes pauvres et que nous n'avons rien.

— Comment cela donc ? » dit l'ouvrier, qui devenait plus attentif.

« C'est, répondit la jeune fille, que, tant que mon père a vécu, nous étions riches : il avait de

6.

l'argent placé, il en avait dans ce vieux secrétaire qui est maintenant chez vous, et nous n'en manquions pas pour nos robes et pour nos fantaisies de jeunes filles.... mais il est mort subitement.... Qu'est devenu tout cela? nous ne le savons pas, et en attendant, nous sommes pauvres, et voilà ma sœur qui languit et qui est malade de misère.... »

En entendant ce discours, l'ouvrier fut tout ému; il vit la vérité, et ses paroles se pressaient, et ses yeux étincelaient de joie.

« Mon enfant, s'écria-t-il, votre argent n'est pas perdu, car le voici que je vous apporte; vous n'êtes plus pauvres; vous voilà riches comme autrefois; tenez, comptez, il n'y manque rien, je vous assure.

— Mon Dieu! mon Dieu! ajouta-t-il, j'ai fait une bonne journée aujourd'hui, et jamais je n'ai été plus content de ma vie. »

Il jouissait du saisissement de ces jeunes filles, et il leur racontait, tout transporté, comment il avait découvert le trésor.

Puis il s'empressa de courir vers sa femme, et en entrant il lui dit : « Femme, nous avons fait une bonne action, car il y avait de pauvres filles qui périssaient de misère, et cet argent était à elles, et maintenant elles sont dans la joie.... Vois-tu, si nous eussions gardé cet argent, nous aurions tué ces pauvres filles, et nous aurions été des voleurs, et nous aurions été des assassins.

XLVIII. — Le Dépôt.

Pierre partait pour l'armée : il alla trouver François, son ami, et lui dit : « Tiens, voilà mille francs de mes économies, garde-les-moi, tu me les rendras quand je reviendrai au pays. »

Pierre partit, il alla à bien des batailles, et François conservait son trésor.

Cependant il arriva que François éprouva des malheurs ; il fit des pertes dans son commerce, il devait de l'argent, il avait bien de la peine à vivre.

Et quelqu'un lui dit : « Vous voici bien gêné, François.... Pourquoi ne prenez-vous pas sur les mille francs de Pierre ? vous serez plus tard en état de les lui rendre....

— Moi, dit François, je ne pense pas comme cela, je mourrais de faim à côté de cet argent-là plutôt que d'y toucher.... Voyez-vous, je n'ai pas délié les cordons du sac depuis que Pierre me l'a donné, et je ne les délierai pas.... et ni moi, ni ma femme, ni mes enfants, nous ne les délierons.... Il n'y a pas besoin d'une serrure ni d'une clef pour garder ce qui est confié à un honnête homme.... »

Il se passa six ans : le temps du service de Pierre était fini, mais depuis longtemps on n'entendait plus parler de lui : on ne savait ce qu'il était devenu. Peut-être avait-il péri dans une bataille.... Peut-être était-il prisonnier chez les ennemis.... Point de nouvelles....

C'était le temps des plus grands malheurs de François : et vraiment c'était un spectacle affligeant que de le voir avec sa famille dans la plus grande misère.

Et quelqu'un lui dit encore : « Pierre est mort, sans doute ; on n'entend plus parler de lui.... Vous voilà son héritier.... Pourquoi restez-vous pauvre à côté d'un trésor qui vous ferait riche ?

— Riche ! répondit François : on n'est jamais riche du bien des autres ; allez, allez, je ne toucherai pas plus au sac de Pierre que s'il était plein de cailloux.... Si je l'ouvrais, il me semble qu'il en sortirait des serpents pour me dévorer....

Croyez-vous que je n'aime pas mieux manger un pain bien dur et gratter la terre que de vivre du pain d'autrui ? »

Et François resta pauvre et malheureux près du sac renfermé dans son armoire.

Or, un jour on entendit par le pays un bruit de tambours et de clairons : il passait un régiment, et ce régiment, c'était celui de Pierre.

Et Pierre, qui avait été longtemps prisonnier, revenait avec son régiment.

Quand il vit le bon François si pauvre, si misérable, Pierre ne lui parlait pas du sac d'argent, et il pensait que le pauvre homme avait bien pu s'en aider dans son malheur.

Mais François alla le trouver ; il lui dit : « Bonjour, vous voilà revenu au pays.... Il y a longtemps que votre argent vous y attend. »

Et il lui apporta le sac lié du même cordon, et qu'il avait si fidèlement gardé.

XLIX. — Les Menteurs.

Il y avait un homme qui mentait pour se faire croire plus riche qu'il ne l'était.

Mais quelqu'un lui dit : « Mon ami, je ne vois pas ce qui vous revient de vos mensonges, car cela ne vous met pas un écu dans la poche.... Les paroles ne rapportent pas d'argent, et votre cuisine n'en est pas plus grasse. »

Il y en avait un autre qui mentait pour se donner des talents et du mérite qu'il n'avait pas.

Mais quelqu'un lui dit : « Ce ne sont pas les discours qui font qu'un homme est habile, et vos paroles ne vous changent pas. On peut bien peindre en blanc le visage d'un nègre, mais cela n'empêche pas qu'il ne soit noir. Les hommes ne s'y trompent pas, voyez-vous ; ils reconnaissent le masque : on sait bien que les frelons ne font pas de miel, bien qu'ils fassent, en bourdonnant, plus de bruit que les abeilles.... »

Il y avait un autre homme qui mentait pour tromper et pour gagner dans les marchés qu'il faisait.

Mais on lui dit : « Retire-toi, méchant, d'au milieu de nous : l'argent gagné par un mensonge, c'est de l'argent volé.... Tu me prends mon argent avec des paroles, le voleur me le prend avec ses mains ; quelle différence y a-t-il entre vous ? Vous ne vous servez pas du même instrument, voilà tout ; le cœur est le même.... »

Je dirai donc la vérité toujours et dans toutes les occasions.

Je la dirai, fût-ce contre moi, et quand elle devrait me nuire.

Je la dirai à mes amis, à mes ennemis, à tous.

L'honnête homme ne prend pas de masque, il montre son visage à découvert.

J'aime mieux qu'on me blâme d'un défaut que j'ai, que de m'entendre louer d'une vertu que je n'ai pas.

L'honnête homme rougit quand on le loue d'un mérite qu'il n'a pas, et il dit : « La louange que vous me donnez appartient à d'autres.

« Je ne veux pas m'enrichir de l'argent qui n'est pas à moi ; je ne veux pas me glorifier d'une louange qui ne m'appartient pas. »

L. — La Probité.

Peut-on manquer à la promesse qu'on a faite aux autres ?

Je vous demande si vous trouveriez bon que les autres manquassent à celle qu'ils vous ont faite ?

Quand j'ai promis une chose, c'est comme si je l'avais donnée ; ce que j'ai donné n'est plus à moi....

Il en est de même de ce que nous devons : ce que nous devons ne nous appartient plus.

Quand je dois de l'argent et que j'ai vingt sous dans ma poche, ces vingt sous ne sont pas à moi, ils sont à mon créancier.

Celui qui doit et qui ne paye pas, pouvant payer, dérobe à autrui.

La bourse de celui qui paye sa dette est moins lourde, mais son cœur est plus léger.

Mieux vaut que la bourse soit vide, et que la conscience soit tranquille.

Un homme avait acheté des marchandises, mais il ne pouvait pas les payer. Il fit un billet dans lequel il s'engageait à payer dans six mois.

Pendant ce temps, le marchand qui lui avait vendu perdit le billet, et il était inquiet, parce qu'il n'y avait pas de témoins du marché.

Le terme arrivé, il alla demander son argent, et il s'excusait d'avoir perdu le billet.

L'autre lui répondit : « Quand nous avons fait le marché, il n'y avait personne, mais Dieu y était.

« Si je ne vous ai pas promis devant les

hommes, je vous ai promis devant Dieu ; ce témoin en vaut un autre. »

Et il lui paya son argent jusqu'au dernier sou.

LI. — Suite de la Probité.

Si vous pouviez gagner quelque chose à faire du mal, et que personne ne le sût, le feriez-vous ?

Non, je ne le ferais pas, car j'ai horreur du mal.... et Dieu voit ce que les hommes ne voient pas.... et si je ne veux pas rougir devant les hommes, je ne veux pas, non plus, rougir à mes propres yeux. Et le mal est mal quand même les hommes ne le voient pas....

On disait un jour à un homme : « Si vous pouviez, par un seul désir, par votre seule volonté, sans que personne le sût, tuer un homme à *la Chine*, à mille myriamètres d'ici, et jouir de sa fortune en France, le feriez-vous ? »

Cet homme répondit : « On peut échapper aux châtiments des hommes, mais on n'échappe pas à ceux que la conscience inflige.

« On peut fuir la peine, mais on ne se fuit pas soi-même.

« Le remords est un bourreau plus terrible que les bourreaux qui exécutent les arrêts de la justice humaine.

« Et quand les hommes n'infligent pas de supplice, Dieu est le juge et le vengeur.

« Savez-vous ce qui est vrai? c'est que le criminel croit toujours voir une tache de sang sur l'argent obtenu par un crime.

« Non : de près, de loin, dans le secret comme en public, aux yeux de tous, aux yeux d'un seul, je ferai ce qui est bien.

« Et je veux toujours pouvoir paraître tranquille devant le juge suprême, devant le juge de tous, à qui rien n'est caché, et qui lit au fond des cœurs. »

LII. — Une Profession.

Il est une pensée qu'on a de bonne heure, une pensée qui souvent occupe vos jeunes têtes, enfants, si jeunes que vous soyez....

Nous disons : « Quel sera un jour mon état ? Quelle profession dois-je exercer ? »

Et là-dessus l'esprit se tourmente, et l'imagination s'échauffe.

Et il y en a qui veulent se grandir et s'élever, et qui dédaignent la simple maison de leur père, et qui veulent monter plus haut.

Et qui disent : « Je veux des habits brillants, je veux une épaulette d'officier, je veux des dignités, je veux de la richesse.... »

Mais il y a quelque chose qui vaut mieux que tout cela, enfants ; qui vaut mieux que les habits dorés, mieux que les épaulettes d'officier, mieux que les dignités et les richesses.

C'est le contentement intérieur et la paix de l'âme....

Or, le contentement intérieur et la paix de l'âme, on peut les trouver partout, dans une humble condition comme dans la condition la plus élevée, dans une chaumière comme dans un palais....

Ne nous tourmentons donc pas pour ce qui n'est pas à notre portée : en voulant atteindre ce qui est trop haut, on perd ce qu'on a sous la main....

Une profession qui nourrit celui qui l'exerce est toujours bonne quand elle est honnête.

Pourquoi vouloir être plus que son père ?... Je ne trouve rien de mieux qu'un marchand qui peut dire : « Il y a deux cents ans que, de père en fils, nous occupons la même boutique.... » C'est de la noblesse, cela....

J'ai vu de braves gens qui, de père en fils, depuis longtemps, depuis si longtemps que personne ne pouvait le dire, étaient fermiers du même champ; ils étaient fiers de cela comme des nobles de leur parchemin, et ils avaient raison.

Car il n'y a que dans les familles où la probité est héréditaire et se transmet avec le sang qu'on voit cette longue stabilité....

Les vices des enfants ont bientôt bouleversé la maison des pères....

LIII. — Le Sage.

Les histoires anciennes font un récit qui est digne de nous toucher.

Il y avait autrefois un homme issu du sang royal, mais qui était pauvre et qui vivait tranquille dans sa petite maison.

Il s'occupait à cultiver son jardin, labourant ses carrés de légumes, taillant ses arbres fruitiers, et arrosant quelques fleurs pour son délassement....

Le coq chantait dans sa cour au milieu de quelques poules, et le soir deux vaches rentraient à son étable en mugissant....

Et il vendait au marché les légumes de son jardin, et les fruits de ses arbres, et le lait de ses vaches, et les œufs de ses poules....

Or, il arriva qu'il y eut de grandes agitations dans le pays, et le roi fut renversé de son trône, et l'on vint apporter la couronne à cet homme simple, parce qu'on savait qu'il était du sang des rois.

On le trouva occupé à bêcher son jardin, on le revêtit des ornements de la royauté, et on le conduisit en pompe devant le peuple.

Il ne fut pas ébloui de cet appareil ; mais quand il vit qu'on se pressait autour de lui, et qu'on poussait des cris en son honneur, et qu'il n'était pas possible de refuser cette dignité, il dit : « J'étais heureux et tranquille, et je ne demandais rien à Dieu que de l'eau pour arroser mes légumes et mes fleurs.

« Fasse le ciel que je supporte les grandeurs aussi bien que j'ai supporté la pauvreté !

« N'ayant rien, je ne manquais de rien, et mes mains ont suffi à tous mes besoins.... Y avait-il autre chose que je pusse désirer ?.,. »

LIV. — Le Berger.

Voici encore une histoire d'autrefois, qui n'est pas moins belle....

Un jour, un roi rencontra un berger, et il vit que les troupeaux de ce berger étaient gras et bien portants, et que ses chiens étaient actifs et vigilants, tandis que les troupeaux des autres bergers étaient maigres, et que leurs chiens s'endormaient au lieu de veiller.

Le roi dit : « Celui qui est bon pasteur de brebis doit être bon pasteur d'hommes ; » et il amena le berger à sa cour, il le mit dans les honneurs, et il lui donna une charge....

Or, le berger se montra plein de sagesse ; il rendit la justice avec fermeté ; il était juste pour les grands et pour les petits, et il ne faisait distinction de personne.

Mais il arriva que des méchants se liguèrent contre lui ; on chercha à lui nuire dans l'esprit du roi, et l'on racontait qu'il s'enrichissait des dépouilles du peuple, et qu'il avait un trésor caché dans sa maison....

Le roi finit par ajouter foi à ces discours des méchants ; il fit venir le berger, il lui parla avec colère, et lui reprocha le trésor caché dans sa maison.

« Il est vrai, dit le berger, un trésor est chez moi, un trésor qui vaut mieux que toutes les richesses des rois.... » Et en même temps il ordonna qu'on ouvrît les portes, et qu'on apportât la cassette qui renfermait ce trésor.

On ouvrit la cassette, on regarda... : c'était l'habit qu'avait le berger quand il conduisait les moutons, son manteau de peau de brebis, sa panetière et sa houlette.

« Voilà mon trésor, dit-il : quand j'avais ces habits, j'étais heureux et en paix ; les chagrins et les soucis sont venus me chercher sous vos habits dorés.

« Je reprendrai donc ces habits, je reprendrai ma panetière et ma houlette, et avec eux je reprendrai mon bonheur passé.

« Adieu donc, palais; adieu, grandeurs et richesses, je retourne à mes moutons. »

LV. — Le Laboureur.

Le laboureur exerce le plus bel état, car c'est celui qui est le plus utile aux hommes, c'est celui qui les nourrit.

Le laboureur est au milieu des champs, au milieu de la nature belle et riche, qui répand ses trésors.

Et si les pluies tombent, elles arrosent les moissons du laboureur, et si le soleil féconde la terre, ses rayons sont sur les moissons du laboureur.

Le laboureur entre en participation des secrets de la nature et de la puissance divine, car il dit à la terre : Produis, et la terre produit....

L'année est longue; elle a des jours de fatigue et de crainte, des jours de soleil brûlant dans la plaine et d'orage sur les épis.

Mais vient le terme, et les épis tombent sous la faucille, et les greniers se remplissent, et la famille joyeuse compte en souriant les gerbes, et mesure les grains sous le fléau du batteur....

Tout sert d'enseignement au laboureur.

L'inconstance des temps et des saisons, et les mauvaises récoltes qui suivent les récoltes abondantes, lui apprennent la prudence et la sagesse, et lui enseignent à mettre en réserve dans les bonnes années pour les besoins des mauvaises.

Le spectacle qui est autour de lui l'instruit... : il voit que la nature ne donne rien pour rien, qu'elle est généreuse pour celui qui travaille, stérile pour les paresseux, et il honore l'homme laborieux et flétrit le fainéant.

Et les animaux l'instruisent par leur instinct ; car la poule est tendre et soigneuse pour ses petits, comme la mère doit être tendre et soigneuse pour ses enfants, et le coq est vigilant et matinal, comme il faut que le père de famille soit matinal et vigilant.

LVI. — Le Soldat.

Le soldat défend son pays ; il meurt, s'il le faut, pour son pays....

Voilà le tambour qui bat, voilà le clairon qui résonne.

Et les soldats se rangent autour de leur drapeau : ils ont pris leurs armes, ils sont ardents et courageux....

Ils partent, ils se sont arrachés des bras de leur mère, ils ont quitté leur père et leurs amis, ils se sont éloignés des champs qu'ils aimaient, du clocher de leur village qu'ils ne reverront plus peut-être....

Adieu, parents; adieu, amis; le soldat va servir son pays; adieu, mon père; adieu, ma mère.... la loi l'ordonne, il faut partir....

Et quand le soldat sera loin, bien loin, quand le drapeau sera sur la frontière, en face de l'ennemi, alors le soldat pensera à son père et à sa mère, et le père et la mère s'entretiendront de leur fils....

Puis il y a des batailles; il y a des dangers; il y a du sang qui coule, et des soldats qui tombent.

Mais on crie honneur et gloire au soldat qui meurt en combattant, au soldat qui a été le bouclier de sa patrie, et qui a péri pour son père et pour sa mère, pour ses frères et pour ses amis.

Et les soldats reviennent ; ils racontent les exploits de l'armée, les passages des montagnes, les bataillons ennemis qui ont été enfoncés, la fumée du canon, et les cavaliers qui étaient rapides comme des éclairs.

Il en est qui portent sur leur poitrine le signe de l'honneur, et il en est qui ont des épaulettes et l'épée au côté, et tous sont les nobles enfants et les braves défenseurs de la France.

LVII. — Le Marchand.

Le commerce lie les hommes entre eux.

Car c'est par le commerce que les hommes se tiennent en quelque sorte par la main d'un bout du pays à l'autre, d'un bout du monde à l'autre.

C'est le marchand qui porte aux cultivateurs les étoffes du fabricant, et au fabricant les laines, les cotons, les chanvres, les grains du cultivateur.

C'est le marchand qui porte dans toutes les cités, au fond des villages, le sel venu des bords de la mer, les épices apportées de l'Inde, les richesses de l'Amérique, les bois des montagnes du Nord, les fruits du Midi....

Ainsi le marchand fait communiquer l'Amérique

ou l'Asie avec l'Europe ; la Norwége et la Suède, l'Angleterre ou l'Allemagne, le Brésil, le Pérou, avec toutes les parties de la France.

Et souvent dans la petite boutique d'un seul marchand, il y a des productions de toutes les contrées de la terre, du poivre et de l'indigo apportés de l'Inde, du coton de l'Amérique, du café de l'Arabie.

Si bien que, pour remplir cette boutique si petite, il a fallu que les vaisseaux traversassent les mers, et que, d'un bout du monde à l'autre, on se mît en mouvement.

C'est donc une utile et, par conséquent, une belle profession que le commerce ; il n'y a rien que de bon et d'honorable dans tout ce qui est utile aux hommes.

Et savez-vous ce qui est la vie du commerce ? c'est la probité et la bonne foi.

Sans probité et bonne foi, le marchand n'est plus qu'un trompeur qui tend des piéges à l'ignorance des autres pour avoir leur argent.

Quand un marchand dit à l'acheteur : Voilà une chose bonne, et qu'il sait qu'elle est mauvaise, il vole.

Quand il emploie une ruse ou quelque secret pour cacher les défauts d'une chose mauvaise, il vole.

Il vole encore quand il profite de l'ignorance de

l'acheteur sur le prix d'une marchandise pour la lui faire payer plus qu'elle ne vaut.

Quand j'entre dans la boutique d'un marchand, je m'imagine entrer chez un homme loyal qui ne cherche dans son état qu'un gain honnête et le prix de son travail, et non dans la maison d'un ennemi qui va me dresser des embûches et préparer des filets pour y prendre ma bourse.

LVIII. — Suite du Marchand.

Un marchand avait dans sa boutique une étoffe altérée et de mauvaise qualité :

« Achetez-moi cela, dit-il à un homme de la campagne, rien de meilleur pour vous faire un habit : vous n'en verrez pas la fin. »

Et l'homme de la campagne acheta, et le marchand rit en lui-même en touchant l'argent du marché.

Or, le marchand, qui avait besoin d'un cheval, alla chez le maquignon.

« Voilà un excellent cheval, dit le maquignon ; il n'y a pas meilleur que lui ; jamais celui-là ne vous laissera en route. »

Et le marchand paya le cheval avec l'argent de l'habit; mais quand le marché fut terminé, il reconnut que le maquignon l'avait trompé, et que le cheval était un cheval usé.

Ainsi il perdit par la tromperie d'un autre l'argent qu'il avait gagné en trompant.

Tel est le commerce avec de la mauvaise foi : c'est un trafic de voleurs....

Au contraire, il y avait un marchand qui avait dans sa boutique une étoffe défectueuse.

Il dit au paysan : « Voilà une étoffe défectueuse, mais je puis vous la céder à bon marché. »

Et le paysan l'acheta, parce qu'il n'avait pas beaucoup d'argent à dépenser, et il n'eut pas à se plaindre.

Et avec l'argent du marché, le marchand alla chez le maquignon.

Le maquignon lui dit : « Voilà deux chevaux, l'un ne vaut pas grand'chose, mais je vous garantis l'autre : vous le payerez plus cher, mais il sera bon. »

Le marchand aima mieux payer plus cher et avoir un bon cheval sur la foi du maquignon.

Et le cheval était excellent ; et toutes les fois qu'un des amis du marchand avait besoin d'un cheval, il disait : « Allez chez mon maquignon, il ne vous trompera pas, et vous serez content. »

Tel est le commerce avec de la bonne foi.

Avec de la probité le marchand s'enrichit, car avec de la probité il fait sa bonne réputation.

Et la bonne réputation du marchand, c'est sa fortune.

LIX. — L'Ouvrier.

L'ouvrier se lève dès que le jour paraît, il prend ses outils et part pour son travail.

Il part gaiement et salue la nature par ses chants du matin.

Il est assidu à son travail, le temps court rapidement, et, le soir venu, l'ouvrier rentre à sa maison et se repose près de ses amis.

Tout le monde ne travaille-t-il pas? L'homme est né pour travailler comme l'oiseau pour voler : c'est le sort commun; nul n'en est exempt.

Prenez leçon des animaux : voyez la ruche active et laborieuse! Comme toutes les abeilles vont, viennent, sortent, rentrent, se croisent et bourdonnent.

Elles vont recueillir dans les champs les sucs des

fleurs ; c'est une moisson qu'elles récoltent ; puis elles les rapportent à leurs magasins ; elles les rangent, les pétrissent, les entassent.

Cité active où nul n'est en repos, où tout le monde travaille et dont on chasse sans pitié le paresseux qui voudrait vivre à ne rien faire.

Bon ouvrier, travaille donc et accomplis ta tâche, car, toi aussi, c'est le travail qui remplit ta ruche.

Fais ton devoir en honnête homme, car le maître doit payer l'ouvrier et ne pas le priver du salaire qu'il a gagné à la sueur de son front.

Celui qui laboure doit avoir part à la récolte, et celui qui plante la vigne doit avoir part à la vendange.

Mais aussi l'ouvrier ne doit pas s'enrichir d'un salaire qu'il n'a pas gagné.

L'ouvrier qui reste oisif pendant une heure au lieu de travailler, vole le salaire qu'il reçoit pour cette heure de travail.

Et celui qui fait négligemment son ouvrage, ou qui le fait mal, et qui touche son salaire comme s'il l'avait bien fait, vole le prix qu'il en reçoit.

Bon ouvrier, aie donc du zèle et du courage, et souviens-toi que maîtres ou serviteurs sont égaux devant Dieu, et recevront de Dieu la récompense du bien qu'ils auront fait.

LX. — Le Travail.

Nous sommes donc jetés en ce monde dans une condition ou dans l'autre.

L'un est marchand ou fabricant, l'autre est soldat, laboureur ou artisan.

Mais, quelque part que nous soyons, il ne faut pas s'imaginer que le bien vienne en dormant, et qu'on gagne quelque chose à rester les bras croisés.

Mon ami, dis-moi combien tu travailles, et je te dirai combien tu gagnes. Si tu ne te fatigues pas à travailler, tu ne te fatigueras pas à ramasser ton argent.

C'est à la fin de la journée qu'on se repose, et alors le repos est agréable, parce qu'il vient après le travail.

Un champ ne rapporte rien quand il n'a pas été arrosé de la sueur de celui qui le cultive.

Deux hommes semèrent une graine.

L'un se contenta de la jeter sur la terre, puis il attendit que la pluie, que la rosée et le soleil l'eussent fait croître.

L'autre commença par labourer profondément,

puis il sema la graine; puis, quand elle fut levée, il l'arrosa soigneusement, puis il arracha les mauvaises herbes, il sarcla et bina la terre.

Or, il arriva que la graine semée par le premier leva mal, et qu'ensuite elle fut brûlée du soleil et étouffée par les mauvaises herbes.

Au contraire, la semence du second poussa en jets vigoureux, la plante grandit; elle s'éleva florissante et couverte de feuillage, puis en automne elle donna ses fruits en abondance.

Telle est la différence de l'oisiveté et du travail.

L'oisiveté et la paresse rendent tout stérile; le travail produit et féconde.

« J'ai passé dans le champ de l'homme paresseux, il était rempli de ronces et couvert d'épines, et les murs s'écroulaient. Cette vue est restée dans mon souvenir, et je me suis dit : On croise les bras pour se reposer, et pendant ce temps la pauvreté arrive prompte comme un courrier; l'indigence accourt et vous saisit.

« Paresseux, regarde la fourmi, examine ses travaux, et apprends la sagesse. Elle n'a point de chef ni de maître, et cependant vois comme elle rassemble dans la moisson sa nourriture de l'hiver. »

LXI. — Les Sortiléges.

Je veux vous raconter, enfants, une histoire des temps anciens : elle est dans tous les livres, mais vous n'avez pas beaucoup lu encore.

Il y avait un laboureur dont les champs étaient riches et féconds.

Sa terre se couvrait d'une double récolte, ses épis pressés se gonflaient sur leur tige, et les branches de ses arbres étaient courbées sous le poids des fruits.

Ses bestiaux étaient gras et pesants, et ses vaches rentraient à l'étable les mamelles pendantes et pleines d'un lait ruisselant.

Cependant, autour de lui les champs de ses voisins étaient maigres et stériles, la terre ingrate semblait leur refuser ses présents, et une moisson aride ne remplissait qu'à moitié leurs greniers.

Il arriva que les voisins jaloux imaginèrent qu'il employait des sortiléges pour féconder sa terre, et qu'il exerçait quelque magie pour attirer à lui seul toute la richesse du sol, et frapper de stérilité les champs cultivés par d'autres.

Ils le dénoncèrent donc au magistrat comme un

homme coupable et dangereux, et le magistrat l'appela devant lui pour qu'il répondît à ces accusations.

Le laboureur comparut, mais il ne comparut pas seul.

Il vint avec ses bœufs de labour au large poitrail, aux fanons pendants, au front armé de cornes robustes.

Il vint avec ses instruments de labourage, sa charrue et sa herse, son coutre acéré et tranchant, son soc d'acier brillant et poli.

Il vint avec sa fille alerte et forte, à l'œil vif, au teint animé, aux bras nus et vigoureux.

Puis, s'avançant vers le magistrat, il lui dit :

« On m'accuse devant vous, voici ma défense :

« Mes sortilèges, ce sont mes bœufs actifs, c'est ma charrue, c'est mon travail.... » Et découvrant ses bras nerveux : « Mes sortiléges, ajouta-t-il, ce sont ces bras forts et infatigables, c'est ma fille vigilante et matinale.

« C'est avec cela qu'on dompte la nature et qu'on la rend obéissante.

« C'est le travail qui fait la puissance de l'homme : maintenant, si je suis coupable, condamnez-moi; 'ai parlé. »

Le laboureur se tut, et tout le monde applaudit, et les accusateurs s'éloignèrent pleins de confusion.

LXII. — L'Économie de l'argent et du temps.

Mais à quoi vous servira de travailler si vous dépensez follement et en dissipations le fruit de votre travail ?

Savez-vous à qui ressemble celui qui dépense inconsidérément à mesure qu'il gagne ?

A l'homme qui voudrait remplir un vase percé : il a beau faire, la liqueur s'en écoule à mesure qu'on l'y verse.

Tel est le dissipateur ; il a beau recevoir, il ne garde rien ; tout s'écoule et s'échappe de ses mains à mesure que ses mains se remplissent.

Celui qui dépense inutilement seulement dix centimes par jour, dépense inutilement plus de trente-six francs par an.

Et trente-six francs par an, c'est le produit d'un capital de mille francs.

De sorte qu'une dépense de seulement dix centimes par jour emporte le produit d'un capital de mille francs.

Et, comme un arpent de terre ne rapporte communément que dix-huit à vingt francs par an, celui qui dépense inutilement seulement dix centimes par jour, dépense le revenu de deux arpents de terre.

Or, le temps c'est de l'argent ; car celui qui perd son temps perd l'argent qu'il aurait gagné en travaillant.

Celui qui perd dans l'oisiveté pour dix centimes de son temps par jour, perd donc par an le revenu d'un capital de mille francs, ou, si l'on veut, le revenu de deux arpents de terre.

Maintenant, savez-vous tout ce que perd celui qui perd dix centimes par jour ou trente-six francs par an, en dissipations ou en oisiveté ?

Il perd la première année trente-six francs ; la seconde année trente-six francs encore, plus le produit de la première année ; la troisième année trente-six francs encore, plus le produit des deux premières années, et ainsi de suite.

Et au bout de vingt années, il se trouve que toutes ces sommes accumulées forment celle de 1200 francs.

Si bien que l'ouvrier qui perd seulement dix centimes ou pour dix centimes de temps par jour, perd en vingt ans 1200 francs.

Et qu'on peut dire à l'ouvrier paresseux qui, après vingt ans, se plaint de sa misère : « Paresseux, tu as perdu pour dix centimes de temps par jour, ou bien tu as dépensé follement dix centimes par jour, c'est 1200 francs que tu as perdus ou dissipés.

« Et tu aurais 1200 francs aujourd'hui dans ta poche, si tu n'avais pas dépensé ton argent goutte à goutte et petit à petit. »

LXIII. — Riche ou Pauvre.

Beaucoup disent : « Pourquoi y a-t-il des riches et des pauvres? les uns qui ont peu, les autres qui ont beaucoup; ceux-ci qui n'ont pas assez, ceux-là qui ont trop? »

Et je répondrai : « Pourquoi? parce qu'il est impossible que cela soit autrement.

« Parce que telle est la loi de la nature, qu'il ne dépend pas de nous de changer, et parce que cela naît des événements bons ou mauvais, dont nous ne sommes pas les maîtres, et que l'auteur souverain ordonne comme il lui plaît.

« Et parce que cela tient à nos qualités ou à nos défauts qui nous font riches ou pauvres, et qui font que nos enfants et les enfants de nos enfants sont riches ou pauvres. »

Il y avait deux hommes, ils étaient frères, ils étaient du même âge, ils avaient la même force, la même fortune, et partagèrent également l'héritage paternel.

Mais il arriva que l'un, actif, vigoureux, éveillé avant le jour, accrut sa fortune par son travail, et que ses domaines s'agrandirent, et qu'il eut des fermes et des troupeaux, et que ses enfants furent riches, et qu'ils habitaient des demeures somptueuses.

Et il arriva que l'autre s'endormit dans l'oisiveté, qu'il dissipa dans le vice l'héritage de ses pères, et qu'il fut dépouillé de tout ce qu'il avait, et qu'il fut plongé dans la misère, et que ses enfants furent pauvres et habitèrent la demeure des pauvres.

Ainsi est la vie : l'un était pauvre qui s'enrichit; l'autre était riche qui s'appauvrit.

C'est un mouvement perpétuel de hausse et de baisse, et comme une grande échelle où l'on voit sans cesse, et depuis des siècles, les uns monter, les autres descendre; et ceux-là descendre qui étaient montés; et ceux-là monter qui étaient descendus.

Avec le temps tout se déplace, et dans le cours des années, et souvent dans un espace de temps bien court, les riches vont habiter où étaient le pauvres, et les pauvres où étaient les riches.

LXIV. — Suite de Riche ou Pauvre.

Maintenant qui est-ce qui est riche? Qui est-ce qui est pauvre?

Le riche est celui qui dépense beaucoup; le pauvre celui qui dépense peu.

Mais au fond il n'y a pas une grande différence entre celui qui dépense peu et celui qui dépense beaucoup.

Il n'y a pas entre eux toute la distance que semblent y mettre les habits pompeux et le luxe.

Le riche s'habille de brillantes étoffes, il lui faut les draps les plus fins, les laines de l'Espagne et les lins de la Russie.

Mais, après tout, en est-il plus avancé que moi, pauvre homme, qui suis habillé de bure ou d'un gros drap fait de la toison des troupeaux du pays, ou du chanvre filé à la maison par la mère de famille, dans les veillées de l'hiver?

Et quand je suis au travail ou dans les champs, la blouse sur le dos, que me fait à moi l'habit incommode et gênant, orné de boutons d'or?

Le riche mange des mets plus délicats; mais je

demande si Dieu lui a donné plus d'appétit qu'à moi ; car, si j'ai meilleur appétit que lui, c'est encore moi qui fais le meilleur repas.

Ce ne sont pas les épices et la cannelle qui font les bons assaisonnements, c'est l'appétit.

Et il y a un vieux proverbe qui dit : « Sauce d'appétit est la meilleure. »

De sorte qu'à la fin de la journée, pauvre et riche sont aussi avancés l'un que l'autre, et le plus souvent le pauvre dort mieux sur sa couche dure, que le riche sur son lit à franges de soie et de velours.

Et il se dit en s'endormant : « Dieu a fait toutes choses ; il a fait ce qui est, et ce qui est est bien.

« Dieu l'a fait, et il l'a voulu faire ; qu'il soit selon sa volonté. »

LXV. — Le véritable Riche.

Savez-vous quel est le véritable riche ?

C'est celui qui a le moins de désirs.

Car que servira que vous ayez plus d'argent, si vous avez plus de désirs qui vous tourmentent et qui vous pressent ?

J'ai peu, mais je désire peu; vous avez beaucoup, mais vous désirez beaucoup : nous sommes au même point.

J'ai vu les riches, j'ai vu les pauvres, et voilà ce que je vous dirai :

Le riche n'a pas plus de joie à parcourir ses vastes domaines, et ses parcs, et ses grandes allées, que le pauvre à parcourir son petit jardin où il y a quelques pommiers avec un buisson de roses et de groseilliers qui rougissent.

Car la jouissance ne se mesure pas à la grandeur et à l'étendue de l'objet dont on jouit, mais aux sensations de l'âme.

Et l'on peut jouir beaucoup de peu, de même qu'on peut jouir peu de beaucoup.

Souvent la richesse ne sert qu'à augmenter les désirs du riche, et celui qui désire n'a jamais assez.

Savez-vous encore quel est le véritable riche ?

C'est celui qui dépense chaque jour seulement dix centimes de moins qu'il ne gagne.

Car en vain j'aurai beaucoup; si je dépense encore plus que je ne possède, la pauvreté sera bientôt à ma porte.

Mais si j'ai peu et si je sais vivre avec moins encore, et de ce peu réserver quelque chose, alors je suis vraiment riche.

Et ce peu, réservé chaque jour, assure mon indépendance.

Et le pauvre qui dépense par jour seulement un sou de moins que ce qu'il gagne, est plus riche que l'homme opulent qui dépense au delà de sa fortune.

LXVI. — La Vigne de Naboth.

Il y a dans l'Histoire sainte une belle, une admirable histoire que vous n'avez peut-être pas comprise tout entière, enfants.

Le roi Achab était riche. Il avait des palais et des trésors; il avait de nombreux serviteurs; il avait des meubles somptueux, et, autour de son palais, de vastes jardins plantés de grands arbres.

L'or et l'argent roulaient dans les mains du roi Achab, ses habits étaient somptueux, et quand il sortait, il était traîné dans des voitures brillantes d'or et de peinture.

Cependant, au milieu de ses grandeurs, le roi Achab n'était pas assez riche, car il désirait encore quelque chose.

Il y avait auprès des vastes jardins d'Achab un petit champ de vigne cultivé par un homme pauvre, et ce petit champ de vigne, Achab aurait voulu l'avoir pour en agrandir ses jardins et pour se faire un point de vue.

Et Achab fit venir le pauvre homme, qui s'appelait Naboth, et lui dit : « Cède-moi ton champ de vigne, et je te payerai ce qu'il vaut : deux fois, quatre fois ce qu'il vaut. »

Mais Naboth lui répondit : « Je suis pauvre, mais je n'ai besoin de rien; ayant peu, je me contente de peu; je n'ai pas besoin de tant de richesses.

« Ce champ est à moi. Je le cultive de mes mains; je le tiens de mon père, qui le tenait de ses ancêtres.

« C'est là que je suis né, c'est là que je veux mourir. »

De sorte que le pauvre Naboth s'en retourna tranquille; il mit sa bêche sur son épaule, et s'en alla labourer sa vigne, admirant les grappes pendantes et souriant à la vendange.

Mais Achab avait le cœur plein de douleur, et il s'emportait de colère, et toutes ses richesses lui semblaient de la poussière et de la boue, puisqu'il ne pouvait en acheter un petit coin de terre qu'il désirait.

Et il lui semblait que ce petit champ de vigne de Naboth valait mieux que toutes ses riches possessions.

Et il sentait bien plus vivement le chagrin de cette privation que la joie de toutes ses richesses.

Et il arriva que son cœur en fut tellement troublé, qu'il se laissa entraîner au crime.

Et il se rendit maître du champ de Naboth en versant le sang de Naboth.

Mais la voix de Dieu se fit entendre, voix redoutable et terrible, et, au jour marqué de la justice divine, « les chiens se désaltérèrent du sang d'Achab dans le champ où était la vigne de Naboth. »

Enfants, lequel des deux fut le plus riche, d'Achab ou de Naboth ?

En vérité, enfants, ce fut le pauvre Naboth.

LXVII. — Le But où nous marchons.

Il est un but où tout le monde va, où tout le monde arrive.

Les uns y vont par un chemin, les autres par un autre; les uns plus promptement, les autres plus tard. Tous y viennent.

Il y en a qui marchent par une route agréable et comme semée de fleurs, et ils rencontrent des arbres et de la verdure, et des fruits et des ombrages, et des ruisseaux qui les désaltèrent.

Il y en a d'autres qui marchent par des sentiers arides, et dans des plaines désolées.

Mais, au terme du voyage, tous se rencontrent, et il n'y a plus de différence entre eux, et tous s'endorment du même repos.

Car il n'y a qu'une croix de bois sur la tombe du pauvre, et il y a du marbre sur le cercueil du riche; mais, pauvres et riches, grands et petits, tous sont dans le sein de la terre, et c'est la terre qui les couvre.

Et il n'y a plus de distinction, et tous sont égaux devant Dieu.

Alors il n'y a plus de différence entre les riches et les pauvres, les grands et les petits, mais seulement entre les bons et les méchants, entre ceux qui ont suivi le vice et ceux dont le cœur a été pur.

Quand un homme meurt, il importe peu qu'il ait été grand ou petit, riche ou pauvre; car on n'emporte rien avec soi de ce qu'on possédait sur la terre; on s'en va seul, nu et dépouillé.

Mais il importe beaucoup qu'on ait été bon ou méchant, car c'est le vice ou la vertu qui nous rendent heureux ou malheureux dans ce monde et hors de ce monde.

Et dans la balance où il juge les hommes, Dieu ne pèse pas l'or et les bijoux; mais il pèse les bonnes actions et les mauvaises.

Et alors ce sont les bonnes actions et la vertu

qui font qu'on est grand, et ce sont les mauvaises actions et les vices qui font qu'on est petit.

LXVIII. — Les Funérailles de l'homme de bien.

Le vieux Thomas venait de mourir ; c'était un deuil dans tout le village, car Thomas était un honnête homme ; il était aimé de tout le monde, et tout le monde le pleurait.

Il y en avait qui disaient : « Celui-là a été bon pour nous, il n'a pas abandonné ceux qui avaient besoin de lui, et il nous a tendu la main pour nous soutenir. »

Et d'autres disaient : « C'était un homme de foi et de probité, et l'on pouvait se fier à sa parole, et ce qu'il promettait il le tenait. »

Et d'autres disaient encore : « Il a vécu de longues années, mais pendant ces longues années il n'y a personne qui ait eu à se plaindre de lui, et il n'y a personne qui puisse lui reprocher un cheveu de sa tête. »

Ainsi, de toutes parts, on n'entendait que des louanges, et tout le monde n'avait qu'une voix ; et l'on marchait tristement vers sa demeure.

Les petits enfants eux-mêmes n'osaient se livrer à leurs jeux, et ils marchaient en silence ; car ils avaient appris à respecter Thomas, et ils n'avaient jamais passé devant lui sans se découvrir la tête, et quand ils passaient devant sa maison, ils disaient : « Voici la maison de Thomas, qui est aimé de tout le monde. »

Or, ce fut un grand spectacle quand on vit sortir de cette maison le cercueil de l'homme de bien, et que tout le village le suivait, et que tous étaient là, vieux et jeunes, hommes et femmes, et jusqu'aux petits enfants.

Et quand on fut à l'église, tout le monde était en prières et tout le monde s'unissait aux prières du ministre de Dieu.

Et c'était du fond du cœur que l'on disait :

« O Dieu, donnez-lui le repos, le repos éternel dans le lieu de paix et de lumière....

« Vous l'avez appelé, ô Dieu, et il vous a répondu ; et vous tendrez la main à celui qui a été vertueux.

« Il a vécu croyant en vous, et ceux qui croient en vous et qui marchent dans votre voie iront à la vie éternelle, et la mort sera pour eux le commencement de l'immortalité....

« Et, mourant dans la vertu, ils se reposent des fatigues de la vie, car leurs bonnes œuvres ne périssent pas et les accompagnent.... »

Puis, quand tout fut terminé, et que ce qui n'était plus que terre fut rendu à la terre, chacun s'éloigna en silence, pensant que c'était une grande leçon que la vie et la mort d'un homme de bien.

LXIX. — La Mort du méchant.

Il y a un homme qui languit sur son lit de douleur.

Cet homme est seul : pas un ami qui veille à ses côtés ; pas une voix qui prie en sa faveur et qui dise : « O mon Dieu, faites que cette amertume s'éloigne de ses lèvres ! »

Personne qui frappe à sa porte, personne qui s'intéresse et qui demande : « Va-t-il mieux, va-t-il plus mal ?... » C'est la solitude et le désert....

Cet homme, c'est le méchant abandonné, méprisé..., le méchant quand la vieillesse l'atteint, et que ses dernières heures approchent.

Alors, dans son abandon, il médite en lui-même, il considère le passé, et il réfléchit sur les années qui se sont écoulées.

Et il lui semble que toutes les mauvaises actions se dressent devant lui, terribles, menaçantes, impitoyables.

Et il lui semble que tous ses vices se réveillent, et qu'ils sont là, hideux, repoussants, levant la tête comme du milieu de la boue.

Et que de toutes parts il s'élève contre lui des voix fortes et dures, des voix retentissantes comme la trompette, et qui lui disent :

« Tu as été méchant et vicieux ; tu as fait le mal pour tes vaines joies, tu as fait le mal pour t'enrichir, tu as fait le mal pour la satisfaction de tes passions et de tes caprices.

« Eh bien, que tout le mal que tu as fait retombe sur toi, et qu'en ce jour, jour de justice et de châtiment, toutes ces joies se changent en poison..... »

Et à cette pensée, à ces paroles retentissantes, il est épouvanté : il repousse la mort qui s'avance, et qui s'avance sans que rien ne l'arrête; et il lui semble qu'il est sur le bord d'un abîme, qu'il va y être précipité, et qu'au fond de cet abîme sont des flammes dévorantes....

Tel est le méchant, le méchant seul, abandonné, sans un ami qui le console, sans une parole douce qui se fasse entendre et qui le fortifie.

Et quand son dernier souffle est exhalé, quand on porte à la terre sa froide dépouille, on entend des voix qui disent :

« Voilà le corps de celui qui fut insensible aux maux des autres, qui fut [mauvais fils, mauvais ami, mauvais père ;

« De celui qui manqua à la foi promise, et qui fuyait la société des bons, et qui vivait avec les méchants dans le vice et la débauche.

« Voilà qu'on porte à la terre ce corps pétri de boue : que Dieu ait pitié de lui, car la justice divine commence.

« Et quand le ministre de Dieu prononce les prières dans le temple, on entend ces paroles qui glacent d'effroi :

« *Car il faut que nous comparaissions tous à le tribunal de Dieu, afin que ch.. e.. est dû aux bonnes et aux mauv.. faites pendant qu'il était revê..*

FIN.

TABLE DES MATIÈRES.

		Pages.
1	Dieu	3
2	Le Soleil	7
3	Les Plantes	10
4	L'Oiseau	12
5	Le Monde	16
6	Dieu voit tout	18
7	L'Église	20
8	La Prière	22
9	Dieu est l'appui des bons	24
10	La Conscience	26
11	Le Remords	28
12	Le pauvre Louis	29
13	Le Père et la Mère	32
14	Le Père	34
15	La Mère	36
16	La jeune Louise	38
17	Jacques l'officier	40
18	La Mère malade	42
19	L'Amitié fraternelle	44
20	Les trois Frères	46
21	Suite	49
22	Fin des trois Frères	51
23	L'Amour du prochain	52
24	La Charité	54
25	Les Orphelins	56
26	Julien	58
27	Le Voyageur	60
28	Les Hommes nécessaires aux Hommes	63
29	Le bon Pasteur	66
30	Les Sœurs de charité	68
31	La Vengeance	70
32	Le mauvais Riche	72
33	L'Égoïsme	74
34	La Famille	75
35	La Vieillesse	77
36	Les Serviteurs	79
37	Les Amis	81
38	La Reconnaissance	83
39	Le vieux Michel	85
40	L'Orgueil	87
41	Les différentes Conditions	88
42	Le Tribunal	90
43	Le Criminel	92
44	La Prison	95
45	L'Honnête homme	97
46	Les Trente mille francs	98
47	Suite des Trente mille francs	100
48	Le Dépôt	103
49	Les Menteurs	105
50	La Probité	107
51	Suite	109
52	Une Profession	110
53	Le Sage	112
54	Le Berger	114
55	Le Laboureur	116
56	Le Soldat	117
57	Le Marchand	119
58	Suite du Marchand	121
59	L'Ouvrier	123
60	Le Travail	125
61	Les Sortiléges	127
62	L'Économie de l'argent et du temps	129
63	Riche ou Pauvre	131
64	Suite	133
65	Le véritable Riche	134
66	La Vigne de Naboth	136
67	Le But où nous marchons	138
68	Les Funérailles de l'homme de bien	140
69	La Mort du méchant	142

Imprimerie de Ch. Lahure (ancienne maison Crapelet), rue de Vaugirard, 9, près de l'Odéon.

EXTRAIT DU CATALOGUE

DE LA LIBRAIRIE DE L. HACHETTE ET Cie.

Géométrie et Arpentage.

ÉLÉMENTS DE GÉOMÉTRIE (premiers), contenant les principales applications à l'arpentage, au lever des plans, etc., par M. Sonnet. 2 vol. in-12, texte et planches. Prix, brochés.................................... 2 fr. 50 c.

TRAITÉ ÉLÉMENTAIRE D'ARPENTAGE ET DE LAVIS DES PLANS, suivi des Règles pour la mesure des bois et des solides, par M. Lamotte. 1 vol. in-12..... 2 fr. 25 c.

Dessin linéaire.

COURS COMPLET DE DESSIN DES MACHINES, appliqué à la construction, par M. Robinet. 150 planches, avec un texte explicatif. Prix........................ 43 fr.

COURS DE DESSIN INDUSTRIEL, par Normand fils, Douliot et Krafft. 34 planches in-fol. et texte in-8°. Prix.. 12 fr.

COURS MÉTHODIQUE DE DESSIN LINÉAIRE ET DE GÉOMÉTRIE USUELLE, par M. Lamotte, inspecteur honoraire des écoles de la Seine :

    1re partie : *Cours élémentaire :* 19 planches in-folio et texte in-8°. Prix........................ 6 fr.

    2e partie : *Cours supérieur :* 15 planches in-folio et texte in-8°. Prix........................ 6 fr.

DESSIN LINÉAIRE DES DEMOISELLES (le), par le même. 15 planches in-fol. et texte in-8°. Prix........... 6 fr.

EXERCICES DE DESSIN LINÉAIRE, par M. A. Bouillon. 24 planches grand in-fol. et texte. Prix........... 8 fr.

PRINCIPES DE DESSIN LINÉAIRE, par le même. 24 modèles in-4° et texte. Prix..................... 2 fr. 50 c.

PRINCIPES DE PERSPECTIVE LINÉAIRE, par le même. 24 planches in-4° et texte. Prix................ 3 fr.

Typographie PANCKOUCKE, rue des Poitevins, 14.

www.ingramcontent.com/pod-product-compliance
Lightning Source LLC
Chambersburg PA
CBHW060140100426
42744CB00007B/838